L'HOMME DEBOUT

« Présences du judaïsme »

JOSY EISENBERG ET ARMAND ABECASSIS

A Bible ouverte
(Tome I)

Et Dieu créa Ève
(A Bible ouverte, tome II)

Moi, le gardien de mon frère ?
(A Bible ouverte, tome III)

Jacob, Rachel, Léa et les autres...
(A Bible ouverte, tome IV)

JOSY EISENBERG ET BENJAMIN GROSS

Un messie nommé Joseph
(A Bible ouverte, tome V)

Le Testament de Moïse
(A Bible ouverte, tome VI)

Josy Eisenberg
Adin Steinsaltz-Even Israel

L'HOMME
DEBOUT

Essai sur la prière juive

Albin Michel

« Présences du judaïsme »
Collection dirigée par Menorah/F.S.J.U.
Responsable éditoriale : Janine Gdalia

ISBN : 2-226-11098-4
ISSN : 0755-169X

En amical hommage au docteur Michel Abecassis,
observateur attentif et fidèle de cette série d'entretiens
et à Fabienne, toujours présente.

SOMMAIRE

INTRODUCTION

La prière constitue un des exercices spirituels fondamentaux de la piété juive. Elle rythme la vie du croyant : trois fois par jour — le matin, l'après-midi et le soir —, il est tenu de réciter une série organisée de prières qui figurent dans le Sidour *(le livre de prières). En dehors de ces obligations fixes, il peut bien entendu s'adresser à son Créateur quand il le désire et avec son langage personnel.*

Longtemps, il n'exista d'ailleurs point d'autre prière que spontanée : la Bible fourmille d'exemples devenus célèbres, comme la prière improvisée par Abraham pour sauver Sodome ou celle de 'Hannah (Anne), adressant à Dieu un vibrant cantique de gratitude après la naissance de son fils. Au temps de la Bible, l'expression organisée du sentiment religieux — le service de Dieu — s'effectuait trois fois par jour au Temple de Jérusalem à travers une série de sacrifices auxquels venaient s'ajouter ponctuellement diverses offrandes des fidèles en fonction de leur état d'âme ou des avatars de la vie.

Le Temple fut détruit par les Babyloniens en 586 avant l'ère chrétienne ; la plupart des Hébreux partirent en exil. Certes, le Temple fut bien reconstruit soixante-dix ans après ; mais la majorité du peuple juif vivait désormais dans la Diaspora. Les habitants de la Terre sainte pouvaient continuer à pratiquer le culte du Temple ; pour les autres, il devint indispensable d'imaginer d'autres formes du « service de Dieu ». Ainsi naquit l'idée des trois prières quotidiennes destinées à remplacer par « le service du cœur » l'antique cérémonial du Temple. Ce fut l'œuvre d'un synode, la Grande Assemblée, au cœur des trois siècles qui précédèrent l'avènement du Christianisme.

Au fil du temps, un rituel précis fut élaboré pour les trois prières quotidiennes. Pour la plus longue, celle du matin, on distinguait quatre parties, exprimant quatre états d'âme différents : la prise de conscience de soi, au réveil ; la glorification du monde extérieur, à travers une sélection de psaumes ; la profession de foi ; la prière au sens courant du terme : une série de demandes adressées à Dieu.

Les troisième et quatrième parties de la prière du matin constituent le noyau dur de la prière. La profession de foi — Ecoute Israël, l'Eternel notre Dieu, l'Eternel est Un — affirme le principe fondamental du monothéisme juif. Elle est constituée de trois passages de la Bible, et traite également de l'amour de Dieu et de l'observance des préceptes de la Torah. Elle est récitée matin et soir durant l'office et, en partie, au coucher. Il est intéressant de noter que cette prière, qui porte le nom de Chema *(écoute), est citée dans les Evangiles où Jésus affirme qu'on y trouve l'essence de la foi.*

La quatrième partie, qui est le sujet de ce livre, porte divers noms, sur lesquels nous reviendrons. Le plus courant, c'est Amida *: être debout. Ce nom provient de la posture adoptée par le fidèle. Il exprime aussi son sentiment intérieur : il est face à Dieu.*

L'Amida comporte dix-neuf bénédictions. Elles étaient initialement dix-huit, d'où l'autre nom usuel de cette prière : Chemone Essré, *(« les dix-huit »). On l'appelle également* Tefila *(prière) ou* Bakacha *(supplication). Dans ces diverses bénédictions, le croyant demande à Dieu de lui accorder tous les dons spirituels et matériels nécessaires au bonheur. Il s'agit en fait d'une véritable somme théologique, très rigoureusement construite, et qui s'articule sur trois grands paliers : une introduction de trois bénédictions, une série de requêtes — treize bénédictions — et une conclusion.*

La richesse des concepts que développe l'Amida méritait que l'on puisse gravir, degré par degré, cette véritable échelle vers le ciel que constituent les dix-neuf bénédictions. Commenter chacune d'elles, élucider la théologie qui les sous-tend, mais aussi leurs multiples implications psychologiques et sociologiques : c'est le défi que le rabbin Adin Steinsaltz-Even Israel a bien voulu relever au cœur d'une série d'entretiens télévisés diffusés sur France 2, dans le cadre de la « *Source de Vie* » en 1998 et 1999. *Ce sont ces entretiens, fidèlement retranscrits, qui constituent la matière de ce livre. Je souhaite que le lecteur y trouve le même plaisir et le même enrichissement que j'ai éprouvés en dialoguant avec l'un des Juifs les plus éminents du vingtième siècle.*

Mes cordiaux remerciements vont à mes collaborateurs Shmulik Kalderon, Roland Melville, Micheline Hadjedj et Vladimir Eli qui ont contribué à la production de cette série d'émissions et à Pascale Kenigsberg-Cahen qui, outre sa précieuse collaboration, a assumé la mise au point du manuscrit de ce livre.

JOSY EISENBERG

PRÉAMBULE

Les heures de la vie

Josy EISENBERG. — L'Amida porte plusieurs noms et surnoms : les quatre les plus en usage, comme dit précédemment, sont Amida (prière debout), Tefila, (prière), Chemone Essré (les dix-huit bénédictions) et Bakacha (supplication).

On l'appelle aussi quelquefois *'Hayyé Chaah* : littéralement, la vie de l'heure. Cette expression apparaît fréquemment dans la littérature rabbinique, et tout d'abord dans le Talmud. Elle connote le caractère *éphémère* et passager de la vie, perçue comme une succession de choses qui n'ont qu'un temps : plus précisément, qu'un *instant*. Une série d'instantanés qui ne durent que ce que durent les roses...

En fait, cette expression reflète davantage que la banale perception de la nature évanescente de l'existence humaine. Il ne s'agit pas seulement de la *quantité* d'heures que nous passons sur terre, mais bien plus de leur *qualité*. Vivre l'heure, c'est vivre des choses qui ne *valent que pour l'heure*. On pense à la mode ou à l'actualité, aux journaux qui ont un prix le jour où ils paraissent et ne sont plus qu'un peu de papier le lendemain...

Dans le Talmud, *'Hayyé Chaah* s'oppose à *'Hayyé Olam* : la vie *éternelle*. Une célèbre anecdote illustre ce contraste. Au sortir de treize ans de claustration où, selon la tradition, il reçut des révélations qui constituent la pierre angulaire de l'ésotérisme juif, Rabbi Chimone Bar Yo'hai aperçoit un laboureur et le fustige :

Malheur à celui qui s'adonne à 'Hayyé Chaah
(les préoccupations du quotidien)
et abandonne (la quête) de 'Hayyé Olam :
le destin de son âme[1]*.

Mais comment comprendre que cette expression, somme toute péjorative, puisse également qualifier un exercice spirituel comme la prière, même si l'on tient compte du fait qu'une partie — mais une partie seulement — des dix-neuf bénédictions concerne nos besoins quotidiens ?

Adin STEINSALTZ-EVEN ISRAEL. — Pour bien comprendre cette dénomination particulière donnée à l'Amida, il faut tout d'abord élucider le rapport qui existe entre la *prière* et l'*étude* de la Torah. C'est une dialectique qu'on rencontre fréquemment dans la littérature juive, où l'étude de la Torah et la prière apparaissent comme deux mondes extrêmement différents.

L'étude est essentiellement un exercice *intellectuel,* alors que la prière, sous quelque aspect qu'on l'envisage, fait tout d'abord appel à *l'émotion.* C'est déjà une première distinction, simple et évidente.

Il en est une seconde, sans doute plus fondamentale. Les problèmes dont traite la Torah sont de l'ordre de l'absolu. Ils ne varient pas en fonction de l'humeur de celui qui étudie. Comme le disent les commentateurs, l'objet de la Torah, c'est un objet infini absolument unique au sein de l'Univers et qui a d'ailleurs préexisté à la Création.

J.E. — Vous vous référez à ce célèbre thème du Midrach, selon lequel la Torah n'est pas seulement une loi spirituelle et morale destinée à enseigner aux hommes la rectitude de leur comportement : son essence est éternelle. Elle constitue la structure fondamentale de l'Univers, ce que le Midrach

---

* Les notes sont en fin de volume p. 291.

exprime spectaculairement en disant que « Dieu a regardé dans la Torah pour créer le monde[2] ». C'est le plan de l'Univers et des lois en tout genre qui l'organisent.

A.S. — La prière, elle, est d'une tout autre nature. Dans un certain sens, c'est un *rendez-vous* entre l'homme et le Saint-Béni-Soit-Il. Elle est donc nécessairement temporaire. Cet aspect est tout à fait frappant s'agissant de cette prière très particulière que constituent les dix-neuf bénédictions de l'Amida. Celui qui la récite ressemble à un homme admis à rencontrer le roi et qui pénètre dans son palais.

J.E. — C'est pourquoi l'on fait trois pas en avant *avant* de commencer l'Amida.

A.S. — J'arrive devant le roi et je commence à parler. C'est ce qui explique la structure et la forme de l'Amida. Il s'agit bien d'une rencontre ; comme toute rencontre, elle est nécessairement limitée dans le temps. C'est maintenant — *hic et nunc* — que je dois parler au roi. Cette première distinction est absolument essentielle : la Torah a pour objet des données objectives, alors que l'objet de la prière, ce sont des éléments subjectifs liés à ma condition d'homme et sujets à d'infinies variations.

Et bien moins que demain...

J.E. — Quelles que soient les différences entre la prière et l'étude, elles ont cependant un point commun. Elles constituent, l'une et l'autre, des expériences spirituelles ; elles sont, l'une et l'autre, un mode de relation à la transcendance divine. Car la Torah n'a pas pour seule fonction de nous dicter des règles de vie. Tout comme la prière, elle est une échelle de Jacob qui va de Dieu à l'homme et réciproquement. L'étude de la Torah établit, par conséquent, un lien personnel entre l'auteur du texte et celui qui l'étudie. La distinction que vous proposez entre les données objectives de l'étude et la subjectivité dont est empreinte la prière n'en reste pas moins importante, encore qu'il faille sans doute la nuancer.

Apparemment, en effet, l'Amida semble être tout autant un « invariant » que l'étude : son texte n'est-il pas fixé par écrit et immuable, même s'il est permis, en certaines circonstances, d'y introduire des suppliques personnelles[3] ? Mais vous avez mis l'accent sur ce qui les sépare : l'émotion, et, donc, la subjectivité. Autrement dit, même si je récite trois fois par jour le même texte, je ne suis pas aujourd'hui la même personne que celle qui priait hier. Et, par suite, ce n'est pas tout à fait la même prière que j'adresse à Dieu.

A.S. — Justement : il ne faut pas que ce soit la même prière ! Au contraire : dans la mesure du possible, toute prière devrait constituer un monde nouveau, et n'être surtout pas figée pour l'éternité. C'est précisément ce qu'exigent les rabbins.

Celui qui fait de sa prière une chose fixe
et non une supplication,
elle n'est pas entendue[4].

Une prière répétitive, prononcée mécaniquement, serait sans valeur. Car la prière n'est pas un exercice statique. Elle est mouvement, tout comme l'est, au demeurant, la quête de la Torah. La Torah est comme un objet. Elle a sa place propre. Je dois *aller vers elle*. C'est la même chose pour la prière, qui est également approche et recherche d'une certaine proximité. Nous parlions de *rencontre*. Eh bien ! Nous nous sommes rencontrés hier, nous nous retrouvons aujourd'hui, mais c'est une nouvelle rencontre ! Nous allons parler d'autre chose, et peut-être que ce qui m'importait hier n'a plus d'importance aujourd'hui.

C'est pourquoi l'on peut distinguer deux aspects dans l'Amida. D'un côté, elle est effectivement *temporaire* ; de l'autre, elle revêt un caractère d'*urgence*. Je ne puis la remettre au lendemain : c'est *maintenant* que j'éprouve le besoin de parler : c'est aujourd'hui que cette rencontre m'est nécessaire. C'est ce qui justifie cette dénomination : « la vie de l'heure, la vie du *moment* » ; la prière exprime ce que je vis en ce *moment*.

Une demande d'agrément

Sur un autre point, la prière diffère de l'étude. Quand j'étudie la Torah, j'établis avec elle une relation qui est fixe. J'essaie de la comprendre et d'en dévoiler le sens. Mais je ne suis pas pour autant en rapport *direct* avec le Saint-Béni-Soit-Il ! Certes, je puis — si j'y parviens — discerner à travers la Torah Celui qui l'a créée. Mais c'est seulement dans l'Amida que le contact est direct.

De plus, il ne s'agit pas là d'une démarche à sens unique. Je me tourne vers Dieu, je m'adresse à Lui, mais Lui aussi se tourne vers moi !

J.E. — Ce n'est pas un simple monologue...

A.S. — Je parle, et Dieu écoute. On peut d'ailleurs proposer une autre exégèse de l'expression *'Hayyé Chaah*, qui peut aussi se traduire par « se tourner vers ». Dans l'Amida, l'homme se tourne vers Dieu, mais c'est tout autant Dieu qui se tourne vers l'homme. C'est d'ailleurs ce verbe que la Bible emploie par deux fois dans l'histoire de Caïn et Abel.

VAYCHA : *Dieu se tourna vers Abel et son offrande ;
mais vers Caïn et son offrande Il ne se tourna pas*[5].

J.E. — On peut même aller plus loin, puisqu'on traduit souvent ce verset, et à juste titre : « Dieu *agréa* l'offrande d'Abel. » Il ne s'agit pas de se tourner de manière neutre, comme une antenne ou un tournesol. Il s'agit d'une attention *favorable*. C'est le double sens de ce terme *chaah* : un *moment* qui soit *agréé*.

A.S. — C'est exactement ce que nous demandons au Saint-Béni-Soit-Il. L'Amida est en effet précédée d'une formule introductive.

*Seigneur, ouvre mes lèvres
et ma bouche dira tes louanges.*

Et elle s'achève par une conclusion significative :

Puissent les paroles de ma bouche
être agréées *devant Toi...*

J.E. — Du début à la fin, Dieu est mon partenaire. Et un partenaire actif...

A.S. — Autrement dit, je ne suis pas venu pour te raconter simplement des choses : je veux que Tu m'écoutes ! L'Amida, c'est très précisément cela : un lieu où l'on se *tourne l'un vers l'autre*. C'est une rencontre intime et personnelle, même si elle s'inscrit dans le cadre d'un texte préétabli et d'une structure fixe.

L'homme debout

J.E. — Ce rendez-vous avec Dieu, ce moment de grâce, est d'autant plus précieux qu'il est limité dans le temps. Ce n'est pas seulement le *texte* de l'Amida qui est fixe, c'est aussi le *temps* où l'on est en droit de le réciter. Les rabbins du Talmud ont en effet fixé des limites temporelles très précises à la prière. Ils discutent longuement de l'heure à laquelle on peut commencer à prier et de l'heure limite au-delà de laquelle on est en quelque sorte forclos[6]. C'est un peu, révérence parler, comme si Dieu regardait sa montre et vous disait : J'ai d'autres rendez-vous après, soyez à l'heure... Outre le fait que l'exactitude est la politesse des rois, il me semble d'ailleurs que savoir être présent quand il le faut constitue une des grandes exigences de la vie tant sociale que morale. Cela me rappelle un enseignement d'un maître du Hassidisme, Rabbi Wolf. Il avait dit à ses élèves que l'on peut tirer une leçon de tout ce que Dieu avait créé sur terre, et même des inventions humaines. « Même des inventions humaines, s'étonna un de ses disciples ? Rabbi, que nous enseigne donc le chemin de fer ? » Le maître répondit : « Que pour une seule minute, on peut tout manquer... »
Vous faisiez allusion au rite qui constitue à faire trois pas en avant : nous entrons dans la sphère de Dieu. C'est le monde

des anges. Or il y a là un paradoxe. Une des différences obser-
vées par l'exégèse juive entre les anges et les hommes, c'est que
les anges sont constamment décrits dans la Bible comme *debout*
et immobiles. Le prophète les représente même comme ayant
« une jambe droite[7] ». Ils n'ont pas de genoux, ils ne peuvent
avancer. Au contraire, l'homme marche, avance, progresse.
C'est le sens du fameux verset de Zaccarie :

Je te donnerai des marcheurs
parmi ces immobiles[8].

Mais voilà que l'homme, dans l'Amida, adopte soudain la
posture de l'ange !

A.S. — L'homme qui prie, dans l'Amida, debout, les pieds
joints, se trouve en effet dans une position qui ressemble à celle
des anges. Mais ce qui me paraît plus important que la *position*
de celui qui prie, c'est sa *situation*.

Il y a en effet une grande similitude entre l'Amida et le
Temple de Jérusalem : un même cheminement, que la littérature rabbinique évoque dans de fréquents récits. Dans la prière,
on traverse diverses étapes. On passe du parvis extérieur au
parvis intérieur pour arriver enfin au Saint des Saints.

N'oublions pas que la prière du matin est constituée de quatre paliers bien distincts, tout comme les quatre parties du
Temple de Jérusalem et les quatre mondes de la Cabbale.

J.E. — La prière du matin est une sorte de pyramide à quatre
étages dont l'Amida est le sommet. C'est un voyage initiatique.
Rappelons sa structure, que nous avons rapidement évoquée
dans notre introduction. La première partie, appelée *Bénédictions de l'aurore*, exprime ce que nous ressentons au réveil en
retrouvant nos sensations. Dans la seconde partie, constituée
essentiellement de psaumes, nous adressons nos louanges au
Créateur de toutes choses. La troisième a pour axe le credo juif
(*Chema Israël*, Ecoute Israël) qui professe l'unité de Dieu et
engage l'homme à l'aimer et à le servir. Enfin, après ce long
cheminement dans les arcanes de la Création et de la Présence

divine, on parvient à l'Amida et à cette rencontre intime avec Dieu. Et vous avez raison d'observer que les quatre univers successifs de la prière sont homologues aux quatre mondes qui, selon la Cabbale, structurent l'Univers : le monde de l'Emanation (l'Esprit), de la Création (les Principes), de la Formation (la Différenciation) et de l'Action (la Matière). Avec une nuance d'importance : l'acte créateur traverse les mondes de haut en bas ; dans la prière, on suit bien évidemment le chemin inverse !

Au pied du mur

A.S. — La prière est en effet une progression où l'on s'élève de degré en degré tout comme dans le Temple de Jérusalem ; lorsqu'on arrive à l'Amida, on entre dans le Saint des Saints [9].

J.E. — Autrement dit, la prière n'est pas une démarche statique ; dans *démarche*, il y a *marche*. Et pourtant, l'Amida est une prière immobile !

A.S. — Le verbe *amod* (se tenir debout) signifie également s'arrêter. Car c'est bien là la nature de l'Amida : elle est la conclusion d'une démarche qui, si elle a été entreprise correctement, exige que je m'arrête. C'est-à-dire : je suis arrivé aussi loin que possible, et maintenant, je m'arrête, car je ne puis aller plus loin.

J.E. — C'est l'apothéose ?

A.S. — Un aboutissement. Il se passe dans la prière ce qui se passe dans les démarches les plus diverses. Au début, c'est l'enthousiasme qui les inspire. Mais quand on arrive au but, c'est le contraire qui se produit : on est au pied du mur, il n'y a plus de place pour l'enthousiasme. J'ai maintenant quelques minutes pour dire ou faire les choses ! C'est comme lors d'une intervention chirurgicale ! Avant, il y a plein de bruit autour de la table d'opération ; à l'instant d'opérer, on ne peut plus tergiverser : on est au pied du mur.

PREMIÈRE PARTIE

AUX MARCHES DU PALAIS

Dieu d'Abraham

Loué sois-Tu, notre Dieu et Dieu de nos pères,
Dieu d'Abraham, Dieu d'Isaac et Dieu de Jacob,
Dieu, grand, puissant et redoutable,
Dieu suprême,
qui accordes de bonnes grâces,
qui possèdes tout,
qui te souviens des grâces des pères
et fais venir un sauveur
pour les enfants de leurs enfants,
à cause de ton Nom, avec amour.
O Roi, qui aides, sauves et protèges.
Loué sois-Tu, bouclier d'Abraham.

Première bénédiction de l'Amida

N'aie pas peur, Abram
je suis ton bouclier,
et ton salaire sera très grand.

Genèse 15,1

Souviens-toi de tes serviteurs, Abraham, Isaac et Jacob
et ne te tourne pas
vers la dureté de ce peuple,
sa méchanceté et sa faute.

Deutéronome 9,27

Josy EISENBERG. — Nous l'avons dit : malgré le nom de *Tefila* (prière) ou *Bakacha* (supplication) qui lui est accolé, l'Amida est un monde complexe qui n'est pas exclusivement constitué des demandes que le croyant adresse à Dieu. Avant toute requête, l'Amida comporte trois bénédictions introductives.

La formulation de la première est particulièrement frappante. On y invoque le Dieu des pères, le Dieu d'Abraham, comme si le fidèle ne pouvait établir un lien personnel avec Dieu sans faire référence à ses ancêtres ! Est-ce seulement pour, en quelque sorte, se recommander d'eux ?

Adin STEINSALTZ-EVEN ISRAEL. — Cette formule s'explique par la situation nouvelle dans laquelle se trouve le fidèle. Nous le disions précédemment : la prière en général, mais surtout l'Amida, c'est une « interview » avec le roi. Ce type d'audience est soumis à un protocole très pointilleux. C'est que je ne me trouve plus aux portes du palais, mais à l'intérieur. Si je ne respecte pas l'étiquette de la Cour, on ne m'expulsera peut-être pas, mais on dira que je suis bien mal élevé !

Or l'Amida est placée sous le signe d'un véritable protocole, un peu à l'image de ce qui se pratiquait dans les cours européennes aux dix-septième et dix-huitième siècles. Au début de l'Amida, je me prosterne à un moment précis.

J.E. — Les rabbins ont en effet édicté diverses règles de gestuelle pour l'Amida. Avant de la commencer, on fait trois pas en avant ; et le moment précis auquel vous faites allusion se situe à la fin de la première bénédiction : on se plie en deux.

A.S. — Il en va de même à la fin de l'Amida : on fait trois pas en arrière. On est tout à fait dans la configuration d'une audience royale. En prenant congé, je ne me retourne pas, mais je marche à reculons. Et pendant cette audience, je dois respecter l'étiquette. Je suis venu présenter une requête au roi ; mais, avant de formuler mes diverses demandes, je dois observer le protocole de la Cour. Seul un homme sans éducation commencerait par dire « je veux »... Le Zohar dit qu'un tel homme est comme un chien qui dit : « Donne, donne ! »

L'étiquette exige de commencer puis de conclure l'entretien par une formule de politesse. Tout d'abord, il faut que je me présente. Qui suis-je ? Sans doute une personne sans importance, mais je viens d'une bonne famille, je suis le fils d'Untel, le petit-fils d'Untel... Respecter ce préambule protocolaire est très important : c'est ce qui me donne le courage de me présenter au roi et de dire : « Sire, j'ai diverses requêtes à vous soumettre. Vous ne me connaissez pas, mais vous connaissez bien ma famille ! »

En d'autres lieux, on fait état de ses quartiers de noblesse. C'est exactement ce que nous faisons. En évoquant nos pères Abraham, Isaac et Jacob, nous présentons en quelque sorte nos lettres de créance à Dieu. Et c'est ce qui m'autorise à m'adresser à Lui.

Homme, qui es-tu ?

J.E. — Je me recommande des trois Patriarches, pierre angulaire du Judaïsme, et je me rappelle ainsi, si l'on peut dire, au bon souvenir de Dieu en m'identifiant à eux. Il me semble que cet enracinement au plus profond de la mémoire juive modifie quelque peu, ou en tout cas nuance, ce que vous disiez du caractère momentané et éphémère du temps de la prière. Car elle s'inscrit aussi dans l'Histoire et, par suite, dans la durée. Mais il s'agit bien entendu d'un registre différent.

A.S. — Il faut tout d'abord observer que l'Amida comporte de nombreuses références bibliques. C'est par ailleurs un texte assez prosaïque, et qui n'a pas de prétention poétique. Il utilise un langage très simple, mais truffé d'expressions bibliques. Si l'on analyse mot à mot la première bénédiction, toutes les vertus attribuées à Dieu (Maître de tout, se souvenant des pères, sauveur des enfants) sont autant de citations empruntées à l'histoire des Patriarches.

J.E. — Abraham, Isaac et Jacob sont nos pères par l'esprit et par la chair. Ils font également partie du patrimoine spirituel d'une partie de l'humanité. Nous les invoquons pour toutes sortes de raisons, notamment leurs mérites et leur foi, mais aussi pour un motif particulièrement significatif à l'égard de l'Amida : ils sont les premiers personnages de la Bible à avoir adressé des prières à Dieu. Les grandes figures universelles qui les ont précédés — Adam, Noé, Hénoch — n'ont pas prié. Abraham est l'inventeur de cette démarche audacieuse que l'on qualifierait volontiers d'inouïe s'il ne s'agissait pas, précisément, de prétendre être « ouï » par la Divinité.

A.S. — En nous inscrivant dans la continuité des Patriarches, nous essayons de donner à la prière, si limitée par nature, un caractère régulier. De faire qu'il ne s'agisse pas d'une rencontre accidentelle. Car la question qui peut être posée à l'homme n'est pas seulement « qui es-tu, toi qui prétends entrer dans le palais ? » mais aussi « et quatre heures auparavant, où étais-tu ? ».

J.E. — Vous diriez sans doute : J'étais en Abraham, ou avec Abraham...

A.S. — L'attitude protocolaire de « l'homme debout » a également une autre signification. Dans le langage de la Bible, cette posture décrit une fonction très précise : celle du *serviteur*.

Chaque fois où l'on dit que telle personne se *tient devant* quelqu'un, c'est qu'elle est à son service.

J.E. — Nous avons déjà cité Zaccarie et « ceux qui se tiennent debout » devant Dieu : les anges, qui sont les serviteurs par excellence. On peut citer également Abraham « qui est encore debout devant l'Eternel » et les prophètes : « Par le Dieu vivant, devant lequel je me tiens debout[1]. »

A.S. — Aussi bien, en me tenant *debout* devant Dieu, je proclame non seulement que j'ai une requête à Lui adresser, mais, et c'est bien plus important, que je fais partie de son *entourage* : ce que la tradition appelle la famille d'*En-Haut*.

J.E. — Cette expression désigne les anges parmi lesquels, dans l'Amida, je me suis glissé subrepticement le temps d'une prière. Je fais momentanément partie de la « famille ». Je suis membre de la cour céleste !

A.S. — Cela crée tout naturellement une certaine intimité et m'autorise à dire au roi : « Tu veux savoir ce qui m'arrive ? Je suis certain que cela t'intéresse ! » Ce sont des choses qu'il est difficile d'exprimer lorsque survient un événement imprévu qui suscite une prière spontanée. Mais ici, je dispose d'un certain temps et je peux me raconter à Dieu. « Regarde, j'ai des ennuis, il m'arrive aussi de bonnes choses, je voudrais ceci ou cela... Surtout, je fais partie de *tes gens*... »
Voilà pourquoi il est si important de se référer au Dieu des pères.

Génétique biblique

Tu te souviens des grâces des pères
et amènes un sauveur
pour les enfants des enfants,
     Première bénédiction

J.E. — Ce qui frappe également, dans la formulation de la première bénédiction, c'est la mention du salut. On peut dire que toute l'Amida n'est, somme toute, rien d'autre qu'une série de variations sur le thème du salut. On dirait une litanie : « sauve-nous ».

Sauve-nous de l'*oubli* de Toi : cinquième bénédiction.

Délivre-nous du *péché* : sixième bénédiction.

Sauve-nous qui *sommes* dans la détresse : septième bénédiction.

Sauve-nous de la *maladie* : huitième bénédiction.

Sauve-nous de la *pénurie* : neuvième bénédiction.

Sauve-nous de l'*injustice* : dixième bénédiction.

Dans tous les cas, c'est l'individu qui parle. Ensuite, dans la seconde partie de l'Amida, il sera question de diverses délivrances collectives : sauve Jérusalem, ramène ta gloire à Sion, fais venir le Messie.

On comprend mieux pourquoi l'Amida est également appelée *Bakacha* (supplication). Ce qui me paraît remarquable, c'est que cette demande de salut apparaît dès la première bénédiction alors qu'elle se présentait comme un simple prélude. Tout se passe comme si toute délivrance s'enracinait nécessairement dans les promesses de salut faites aux trois Patriarches.

A.S. — C'est qu'ils représentent trois stades, que suggèrent les trois substantifs utilisés dans cette bénédiction.

Créateur (littéralement propriétaire) *de toutes choses* fait référence à Abraham. En effet, lorsqu'il se montre généreux avec le roi Melkitsédek, ce dernier le bénit en disant :

Béni soit Abram par le Dieu suprême
propriétaire des cieux et de la terre[2].

C'est le *Père*.

Puis on parle « des enfants et des enfants des enfants ».

Les enfants, c'est Isaac, c'est le *Fils*.

Enfin, « les enfants des enfants », c'est Jacob.

J.E. — Jacob, c'est Israël, et nous sommes donc bien « les enfants des enfants ». On pourrait dire : face à la Trinité chrétienne — le Père, le Fils et le Saint-Esprit — il y a la trilogie juive : le Père, le fils et les petits-enfants. Ce parallélisme est d'autant plus frappant que les petits-enfants — le peuple juif — sont souvent appelés — nous y reviendrons — la « communauté des Saints », notamment dans le livre de Daniel : c'est l'Esprit saint, mais incarné dans un peuple.

Bien entendu, cette invocation des Patriarches se réfère à un des grands thèmes de la pensée juive : le *Mérite des Pères*. L'Amida l'exprime sous une forme particulière : « les grâces des Pères. » Grâce — *'hessèd* en hébreu — désigne la bonté, la générosité et, spécifiquement, les actes gratuits que l'on fait par amour. En dehors de l'Amida — trois fois par jour, quand même ! — le Mérite des Pères est invoqué dans les grandes circonstances de la vie, et notamment à Roch Hachanah (le Nouvel An) et à Yom Kippour (le jour du Pardon) pour dire à Dieu : « Même si nous sommes en déficit de mérite, veuille tenir compte de la balance excédentaire de l'amour et des bonnes actions des Pères fondateurs, et pardonne-nous nos fautes. »

A.S. — Ce thème est évidemment très important, mais il faut aller plus loin. Le Mérite des Pères, c'est l'aspect formel des choses. J'en parle, bien entendu, mais, d'une certaine manière, ce n'est pas d'Abraham, d'Isaac et de Jacob que je parle, mais de moi-même ! Car les Patriarches sont en moi ! Je ne suis pas seulement leur descendant et leur prolongement : quand je parle, *en moi*, ce sont Abraham, Isaac et Jacob qui parlent ! Je suis une de leurs « rééditions ». Ce n'est peut-être pas une belle édition, mais ils sont en moi et parlent en moi.

J.E. — Selon les biologistes, tout être humain possède dix millions d'ancêtres. Notre hérédité est très complexe. Nos chromosomes conservent en mémoire une part du patrimoine génétique de cette multitude d'ancêtres. Biologiquement, nous ne pouvons pas choisir telle ou telle part. Mais en ce qui concerne les « chromosomes spirituels », l'héritage historique, culturel, intellectuel et spirituel, notre libre arbitre peut s'exercer souverainement. Par exemple, focaliser la construction de notre personnalité sur Abraham, Isaac et Jacob.

A.S. — Il y a là plusieurs aspects. En premier lieu, si nous utilisons en effet le langage de la biologie, on dira que les Patriarches constituent une chaîne de *mutations*. Les enfants d'Abraham sont différents de leur père, tout comme les enfants d'Isaac, et ainsi de suite. A chaque étape, une mutation se produit.

J.E. — Aux caractères innés viennent s'ajoute des caractères acquis.

A.S. — Les Patriarches sont tous des mutants. C'est pourquoi la tradition enseigne qu'après l'épreuve de l'*Akéda* (la « ligature » d'Isaac, improprement appelée le « sacrifice d'Isaac »), le second Patriarche n'est plus le même homme[3]. Il a été traversé par la crainte et le tremblement. Par la prophétie et la mission qu'il lui a assignée[4] Dieu a transformé Abraham. Il en a fait l'ancêtre d'une « espèce » nouvelle. Ce type de mutation provoque les mêmes effets que les mutations biologiques. Elles prolongent le passé, certes, mais en donnant naissance à une race nouvelle. On confère souvent aux espèces nouvelles le nom de celui qui les a « inventées ». Après quoi, tous les jardiniers du monde pourront développer l'espèce nouvelle ; mais ils ne l'auront pas créée ; ils l'auront reçue toute faite.

Ces considérations ne concernent pas seulement la biologie. Elles nous permettent également de mieux comprendre la nature de la conversion dans le Judaïsme.

Conversion et convergence

J.E. — Juste une remarque sémantique : vous avez utilisé un terme — *guer* — que nous avons traduit, faute de mieux, par *conversion* : c'est le sens qu'on lui a donné couramment. Mais ce terme désigne littéralement l'étranger venu partager la vie du peuple d'Israël. Ce que l'Occident appelle conversion est plutôt perçu, dans le Judaïsme, comme une décision d'entrer dans la communauté juive et de partager son destin, conformément à la proclamation adressée par la première « convertie » de l'histoire, Ruth, à sa belle-mère, Naomi.

« Où tu iras, j'irai, ton peuple sera mon peuple[5]. »

Il est vrai, cependant, que conversion et mutation peuvent être considérés comme des termes synonymes.

A.S. — Les rabbins se sont posé la question : quelle est la nature du prosélyte ? Comment se rattache-t-il au peuple juif ? Et ils ont conclu, comme le dit si bien Maïmonide, que le converti est tout à fait en droit de dire « le Dieu de mes pères », même lorsqu'il prie seul : mes pères Abraham, Isaac et Jacob !

J.E. — Il est juif à part entière. Il choisit un nom hébraïque mais reçoit précisément comme patronyme le nom de *ben Abraham* (fils d'Abraham[6]). Il se rattache, presque physiquement, à la lignée du Patriarche.

A.S. — Le prosélyte relève en effet du phénomène qu'en biologie on appelle *convergence* : quelqu'un qui provient d'une autre « branche » mais a suivi le même processus que l'espèce à laquelle il est maintenant rattaché. Le prosélyte est *greffé* sur la nouvelle espèce issue d'Abraham et, en lui également, les Patriarches parlent.

Indépendamment de cet aspect « génétique », il ne faut pas oublier la lecture typologique de l'histoire des Patriarches. A divers stades de la pensée juive, Abraham, Isaac et Jacob représentent trois valeurs fondamentales : l'AMOUR, la CRAINTE et la VERITE.

J.E. — C'est notamment le cas, selon la Cabbale, dans le monde des sephirot : les Dix Emanations divines, à travers lesquelles l'Etre infini a créé le monde fini. Ces Dix Emanations se révèlent progressivement à la fois dans leur dimension cosmologique (le processus de Création) et ontologique : elles structurent les divers niveaux de l'histoire et de la vie du monde. Dans ce système, Abraham figure la quatrième sephira, Isaac la cinquième et Jacob la sixième, dans une configuration où le côté droit est lié à l'Amour et à l'expansion et le côté gauche à la Rigueur et à la contraction.

Première sephira
Keter (la couronne) : la Volonté

Troisième sephira	Seconde sephira
Binah : l'Intelligence	*Ho'hmah* : la Sagesse
Cinquième sephira	Quatrième sephira
Din : la Rigueur	*'Hessèd* : la Grâce
ISAAC	ABRAHAM

Sixième sephira
Emet : la Vérité et la Compassion
JACOB

Les trois Patriarches incarnent le dévoilement successif de ces trois dimensions, vertus et attitudes. Ils constituent donc également non seulement les Pères fondateurs, mais aussi des MODELES, qu'il faut apprendre à imiter puis à combiner.

A.S. Les Patriarches sont des prototypes : Abraham est appelé « celui qui m'aime » ; Isaac est l'homme de la crainte, et Jacob celui de la vérité[7]. La prière est ainsi une sorte de composition musicale. Je joue d'abord les trois motifs principaux : Abraham, Isaac et Jacob. Puis je les combine en diverses variations : ce sont les dix-huit bénédictions originelles, qui sont autant de variations sur le thème des Patriarches. L'Amida est comme une œuvre lyrique : en prélude, on joue chacun des trois motifs principaux, puis on les combine pour obtenir une partition de plus en plus complexe.

J.E. — Cette construction musicale est d'ailleurs clairement exprimée dans la formulation de la première bénédiction, où les trois attributs divins (grand, puissant, redoutable) sont homologues aux trois Patriarches.

Dieu d'Abraham, Dieu d'Isaac et Dieu de Jacob,
Dieu grand, puissant et redoutable[8].

La première prière

On observera tout d'abord la triple répétition apparemment inutile du Nom divin. Les commentateurs s'interrogent : pourquoi n'avoir pas dit tout simplement : « Dieu d'Abraham, d'Isaac et de Jacob » ? C'est que précisément, comme l'affirme la Cabbale, chacun des Patriarches incarne un rapport différent avec Dieu, une certaine tonalité de la révélation. Cela implique une grande complémentarité qui pose problème. De ce fait, en toute logique, les trois Patriarches auraient dû figurer dans la formule finale de cette bénédiction. Or il n'en est rien : seul Abraham y est mentionné.

Roi qui aide, sauve et protège.
Béni sois-Tu Eternel, bouclier d'Abraham.

A.S. — Très tôt, le Midrach a relevé ce qu'il considère comme un grand privilège accordé à Abraham. Dieu lui aurait promis que « quelle que soit la grandeur de ceux qui te succéderont, c'est *seulement toi* qui marqueras de ton sceau cette *bénédiction*[9] ».

Bien évidemment, cette expression « bouclier d'Abraham » se réfère à un épisode fameux de la Torah. Dieu apparaît au patriarche et dit :

N'aie pas peur, Abraham
je suis ton bouclier,
et grande sera ta récompense[10].

Mais pourquoi Abraham est-il ainsi distingué et différencié des deux autres Patriarches ? La raison en est simple : c'est parce que Abraham, comme dit précédemment, représente un *commencement absolu*. Il est le premier personnage biblique qui ait adressé des prières à Dieu.

L'Amida — prière par excellence — est donc tout naturellement placée sous le signe d'Abraham. Et c'est tout aussi naturellement qu'au *premier* homme qui prie soit dédiée la première bénédiction.

Bien plus : Abraham est non seulement l'inventeur de la prière ; il est aussi celui qui prie dans les situations les plus diverses. Il prie pour soi-même ; il prie également pour les autres. Dans ses diverses prières, il porte des jugements. Rappelons que la racine du mot *tefila* est un verbe (PLL) qui signifie penser et *juger*. Car la Tefila n'est pas seulement un acte de soumission et une forme de requête. Certes, j'ai des choses à demander, mais il ne s'agit pas exclusivement de formuler une supplication. Dans la Tefila, je *dis* en plus toutes sortes de choses qui sont liées à la requête.

Le point le plus important ici, c'est cette idée de commencement. Qui a commencé l'histoire ? Avec qui commence la foi ? Avec Abraham, tout a commencé : le reste n'est plus que développements.

J.E. — Cette chronologie est importante. Mais il me semble que la *qualité* de la prière d'Abraham ne l'est pas moins. Même Noé, pourtant considéré comme un Juste, n'est pas intervenu pour demander à Dieu de différer le Déluge. Si l'on en croit un texte célèbre d'Ezéchiel, il y a deux catégories de Justes : ceux qui ont assez de mérite pour « sauver leur peau » mais pas celle des autres ; et les autres, comme Moïse, qui sont suffisamment armés pour sauver autrui[11]. Abraham s'inscrit manifestement dans cette seconde catégorie. Bien que peu suspect de sympathie pour la ville de Sodome, il adresse à Dieu une longue et pathétique intercession en faveur des Sodomites. C'est cette capacité d'altruisme qui fait la grandeur de la prière d'Abraham. Elle justifie non seulement que le croyant juif se réclame du

Patriarche pour implorer la protection divine, mais également qu'Abraham soit aussi considéré, par les Chrétiens et les Musulmans, comme le vrai père de la vraie foi. Comme disait Pascal : « Dieu d'Abraham, et non des philosophes. »

Dieu en puissance

Tu es puissant pour l'Eternité, Seigneur.
Tu fais revivre les morts par abondance de salut,
tomber la rosée, souffler le vent et tomber la pluie [1].
Tu donnes leur subsistance aux vivants par grâce,
Tu ressuscites les morts par grande miséricorde,
Tu soutiens ceux qui tombent,
guéris les malades, délivres les prisonniers.
Tu maintiens Ta fidélité à ceux qui dorment
dans la poussière.
Qui est comme Toi, maître des puissances ?
Qui peut être comparé à Toi ?
O roi qui fais mourir, redonnes la vie
et fais germer le salut.
Tu es fidèle pour faire revivre les morts.
Béni sois-Tu, Eternel, qui ressuscites les morts.

Deuxième bénédiction de l'Amida

Josy EISENBERG. — La deuxième bénédiction est appelée en hébreu *Guevourot* (les puissances.) Tout d'abord, parce qu'elle commence par l'invocation : « Tu es puissant pour l'Eternité. » Ensuite, et surtout, parce qu'elle exalte divers *pouvoirs* qui n'appartiennent qu'à Dieu, et qui ne relèvent d'ailleurs pas de la même catégorie. La première « puissance » est de l'ordre de la foi et de l'invisible : la capacité de ressusciter les morts. Elle concerne la fin des temps selon l'eschatologie juive.

La seconde, elle, est bien de ce monde et parfaitement visible : Dieu fait tomber la pluie. Pluie et résurrection : ce sont là les deux principaux thèmes de cette bénédiction qui, en outre, mentionne divers autres pouvoirs, peut-être moins spectaculaires mais combien importants : Dieu *nourrit* le monde, *guérit* les malades, *délivre* les prisonniers.

Cette bénédiction appelle plusieurs observations préliminaires.

Tout d'abord, il est remarquable que des pouvoirs aussi différents que la résurrection et le don de la pluie soient cités simultanément et pour ainsi dire sur le même plan. C'est que le visible et le caché ne sont que les faces d'une même réalité. Le croyant les associe, parce qu'il ne fait pas de différence entre ce qu'il *voit* et ce qu'il *croit*.

Seconde observation, et seconde simultanéité : cette bénédiction traite à la fois, dans le même souffle, des problèmes les plus quotidiens et les plus concrets — la nourriture, la santé — et des espérances ultimes de l'eschatologie juive.

Cela dit, on ne peut manquer d'être intrigué par l'évocation simultanée de deux capacités prêtées à Dieu et aussi dissemblables que la pluie et la résurrection. Quelle est la nature de ce rapprochement ?

Adin STEINSALTZ-EVEN ISRAEL. — Depuis toujours, les commentateurs ont observé qu'il y avait, sinon un lien, en tout cas une similitude entre l'une et l'autre. On peut en effet considérer que la résurrection n'est rien d'autre qu'une sorte d'extension, de passage à la limite du phénomène de la pluie et des structures ordinaires de la nature.

J.E. — Vous voulez dire que, malgré les apparences, la résurrection n'est pas un phénomène vraiment surnaturel ?

A.S. — En effet, la résurrection n'implique pas la destruction des lois de la nature. Elle est la conclusion « naturelle » du monde créé par Dieu, et dont il est dit, dans le même souffle :

C'est Moi qui donne la mort,
et la vie [2]...

J.E. — Un verset que nous aurons l'occasion de commenter longuement : on y parle de la vie mais *après* la mort...

A.S. — En fait, dans cette bénédiction en particulier, mais aussi dans toute l'Amida, tout est cyclique, y compris la vie et la mort. La prière épouse le cycle de la vie et des saisons, particulièrement visible au Moyen-Orient. En hiver, tout meurt ; au printemps, quand la pluie commence à tomber, toutes les semences enfouies en terre commencent à germiner.

C'est pourquoi l'idée de la résurrection des morts apparaît comme un *accomplissement* du cycle de la vie et non comme une rupture, qui serait sans rapport aucun avec le cycle de la vie naturelle.

Si nous réfléchissons à notre propre vie, on peut dire que, quelle que soit sa durée, nous avons le sentiment — quelquefois partagé par les autres — qu'elle n'est *jamais achevée* ! On ne va jamais jusqu'au bout : elle s'interrompt en plein milieu de son cours. Aussi peut-on se poser la question : quand donc sera-t-elle vraiment *accomplie* ?

Selon les biologistes, l'espèce humaine présente une particularité : elle ne parvient jamais à maturité ! On vit, on grandit, on se flétrit, et jamais on ne parvient à une véritable maturité ! Nous devenons vieux avant d'être mûrs ! Nous regardons un arbre, nous voyons bien qu'il peut vivre très vieux, et nous nous demandons : pourquoi pas nous ? Cette question, elle nous angoisse depuis la création du monde.

C'est bien pourquoi l'idée de la résurrection ne doit pas être considérée comme surnaturelle ou miraculeuse. Elle exprime précisément la *puissance* par laquelle Dieu mène le monde et avec laquelle Il peut transformer les choses de fond en comble. C'est parce qu'Il est dans l'éternité qu'Il a la capacité de compléter le cycle de notre vie.

J.E. — Vous nous proposez en quelque sorte une conception d'une vie à deux vitesses. Il y a d'une part la vie ordinaire, toujours fauchée en pleine course, frustrante et imparfaite ; de l'autre, la correction de cette imperfection, par la résurrection, et l'apparition d'un cycle qui, lui, ne s'achève jamais. Et tout cela serait parfaitement naturel, puisque, pour Dieu, il n'y a pas de différence entre ce que l'esprit humain considère comme naturel et ce qu'il ressent comme surnaturel.

Devant qui je me trouve

A.S. — On comprendra mieux cette seconde bénédiction si on la compare à la première. Celle-là était placée sous le signe de l'amour, des Patriarches, des promesses. Elle s'achevait, rappelons-nous, par « bouclier d'Abraham ». Or, Abraham, c'est la grâce, l'amour, l'intimité. Par opposition, la seconde bénédiction serait plutôt placée sous le signe d'Isaac — l'homme de la crainte — et de l'exaltation de la puissance divine.

J.E. — Nous le disions : dans la Cabbale, Abraham figure la quatrième sephira : *'Hessèd* (la grâce). Alors qu'Isaac représente *Din* (le jugement, la rigueur). Il est celui qui a frôlé la mort lors de la ligature, qui a éprouvé Dieu comme « redoutable ». La Bible le dit expressément : Jacob a juré par « la crainte » du Dieu d'Isaac[3].

Il existe au demeurant un lien encore plus direct entre Isaac et la résurrection. Selon le Midrach, Isaac serait quasiment mort lors de l'Akéda[4]. Il aurait été ressuscité et, à cette occasion, les Anges auraient prononcé une bénédiction — *Loué soit l'Eternel qui fait revivre les morts* — que l'on retrouve mot pour mot dans notre bénédiction.

Tout se passe comme si, dans un premier temps, on s'adressait à un Dieu immanent, proche des hommes, fidèle à l'alliance, Dieu d'Abraham : première bénédiction. Alors que, dans la seconde, on exalte le Tout-Puissant (un terme, somme toute, rarissime dans la littérature juive) et sa capacité à donner la vie quotidienne — la pluie — et la vie éternelle. C'est la bénédiction de la transcendance.

A.S. — Le rapport entre ce passage de l'immanence à la transcendance me paraît être le suivant. En récitant la première bénédiction, j'ai créé avec Dieu une relation d'*intimité* ; dans la seconde, j'éprouve soudain un sentiment de *distance*.

Dans un premier temps, j'ai tenté de construire une relation avec Dieu. Je dis : « *Notre Dieu, Dieu de nos pères.* » Tu nous as fait des promesses ; Tu nous as accordé des dons. Je suis entré dans le Palais ; je suis en présence du Roi. A cet instant, se produit ce que le Séfer Yétsira[5] appelle un ALLER-RETOUR. Ce phénomène caractérise au demeurant toute la prière juive.

J.E. — C'est un des concepts les plus importants de la Cabbale et du Hassidisme. Le terme d'*aller-retour* est emprunté à la vision d'Ezéchiel où il est dit que « les Anges couraient puis repartaient[6] ». A leur image, nous sommes animés par un mouvement perpétuel d'aspiration à rencontrer Dieu, de « courir » vers lui : c'est l'*aller*, auquel succède le *retour* à notre condition ordinaire : nous *revenons*, comme dans une sorte de fuite et de crainte. Cette dialectique permanente s'est d'ailleurs manifestée spectaculairement au mont Sinaï : tout d'abord, les Hébreux se sont approchés de la montagne ; mais après avoir entendu les Dix Paroles, ils ont pris peur.

Le peuple vit, bougea
et se tint à distance[7].

C'est, de manière plus noble, ce fameux phénomène de « fascination-répulsion » — il vaudrait mieux, ici, parler de rejet — si fréquemment décrit par la psychanalyse.

N'oublions pas cette sentence qui caractérise l'Amida : *« Sache devant qui tu te trouves »* ; en fait, la vraie traduction, c'est : *« Devant qui tu es debout. »*

Tout à coup, je prends conscience de mon audace ; je suis debout — comme les Anges — en présence de Dieu !

A.S. — Sachant maintenant devant qui je me trouve, je découvre le Roi et tous ses attributs que j'énumère dans la seconde bénédiction. « Tu gouvernes ceci, Tu fais cela... » Ce rapport n'est plus intime. Je prends conscience des « Puissances » : des pouvoirs divins. Parce que, entre autres, je viens demander à Dieu un certain nombre de choses, je ne suis plus dans l'intimité, toute *subjective*, mais dans la reconnaissance *objective* de la puissance divine. Ce que je proclame, en énumérant les diverses « Puissances », c'est : « Tu peux le faire ! » Donc, ce n'est pas si difficile, pour Toi, de m'accorder toute la liste de requêtes que je Te présente ! Tu peux le faire, Toi qui tiens entre Tes mains le monde entier !

Dans cette prière, nous évoquons, outre la pluie et la résurrection, toutes sortes de bonnes choses.

Tu guéris les malades
délies les enchaînés.

C'est-à-dire : Tu as le pouvoir d'enchaîner et de délivrer, de frapper et de guérir, conformément au verset déjà cité :

Je donne la mort et la vie,
j'ai blessé et je guérirai[8].

En fin de compte, dans la première bénédiction, je dis QUI
JE SUIS, et, dans la seconde, JE SAIS QUI TU ES...

Ceux qui dorment dans la poussière

J.E. — L'Amida est une construction, et nous avons essayé
de comprendre les divers enchaînements logiques que l'on peut
établir entre les deux premières bénédictions : passage d'Abraham à Isaac, de l'intimité à la distance, de l'immanence à la
transcendance. Si l'on se réfère à la résurrection, une autre relation paraît évidente : On dit en effet que « Dieu garde sa fidélité
à ceux qui dorment dans la poussière ».

Autrement dit, les morts ne sont ni effacés de la mémoire
divine ni abandonnés au néant. Cette affirmation repose bien
évidemment sur le texte de Daniel où figure l'expression devenue classique de « ceux qui dorment dans la poussière ».

Et nombreux parmi ceux qui dorment
dans la poussière se réveilleront
les uns pour la vie éternelle
les autres pour l'opprobre[9].

C'est d'ailleurs, dans la Bible, le seul texte qui affirme explicitement la résurrection des morts. En effet, la vision d'Ezéchiel, où Dieu montre au prophète des ossements desséchés qui
reprennent vie, semble plutôt concerner la résurrection nationale du peuple d'Israël arraché à sa terre, même s'il n'est pas
interdit d'y voir une allusion aux modalités de la résurrection
individuelle.

L'Eternel me dit : « Prophétise sur ces ossements.
Tu leur diras... Voici que je vais faire entrer en vous
le souffle et vous vivrez. Je mettrai sur vous des nerfs,
je ferai pousser sur vous de la chair, je tendrai

sur vous de la peau, je vous donnerai le souffle, et
vous vivrez, et vous saurez que je suis l'Eternel[10]. »

Quant au verset du Deutéronome qui parle de la mort *puis*
de la vie *(je donne la mort et je fais vivre)*, il est sans doute
permis de l'interpréter dans le sens de la résurrection : les rabbins l'ont fait, donnant à l'expression *Je fais vivre* la signification de *je fais revivre*. Mais ce n'est évidemment qu'une
interprétation, que les rabbins ont d'ailleurs longuement développée, notamment à partir de la seconde partie de ce verset :
« J'ai blessé et je guérirai. » Ils ont dit que les morts renaîtraient
guéris et retrouveraient l'intégrité de leur corps[11].

L'expression « ceux qui dorment dans la poussière » se réfère
incontestablement à la Bible et au prophète Daniel : elle
concerne tous les hommes. Mais les rabbins en ont également
proposé une lecture particulière. Selon le Midrach, elle désigne
les Patriarches, appelés « ceux qui dorment à Hébron ».

A maintes reprises, la littérature rabbinique évoque les promesses faites à « ceux qui dorment à Hébron[12] ». Les Patriarches sont la mémoire d'Israël, les gardiens des archives de son
histoire et des promesses d'apothéose. Ce ne sont pas des
gisants ; ils sont bien vivants ! Ils sont seulement assoupis. Sans
doute cette croyance explique-t-elle la passion qui entoure leur
tombeau à Hébron ; on ne cesse d'en voir les dramatiques
répercussions dans l'histoire du conflit israélo-arabe. Dire que
Dieu « maintient sa fidélité à ceux qui dorment dans la poussière » est donc tout ensemble un acte de foi pour une autre vie
promise à tous les mortels, et l'affirmation de la réalisation des
promesses de salut pour Israël.

A.S. — L'Amida est un texte très précis. La première bénédiction parle du passé, que j'essaie de prolonger jusqu'à moi ;
la seconde, elle, parle de l'avenir. De nouveaux concepts y
apparaissent : la foi, les promesses, ce qui sera un jour. Et moi,
je me situe à l'intersection du passé et de l'avenir. Dans la
première bénédiction, je parlais des morts ; dans la seconde,
j'évoque la vie. Ce n'est donc pas par hasard que je parle de la
pluie.

J.E. — Qui fera d'ailleurs l'objet d'une bénédiction particulière, la neuvième, qui traite de l'économie et de la prospérité. Là, il s'agira, très concrètement, des bienfaits de la pluie.

A.S. — Ici, la pluie est plus symbolique. Elle nous renvoie à la métaphore d'Isaïe.

Tout comme la pluie et la neige tombent du ciel,
et donnent naissance et germination,
ainsi sera Ma parole, sortant de Ma bouche,
elle ne reviendra pas à Moi à vide [13]*...*

La pluie est toujours symbole d'une promesse et d'une espérance très vastes. Même si l'Amida traite de sujets concrets et tout à fait actuels, elle comporte toujours des rêves d'avenir. L'Amida part d'une requête personnelle qui devient de plus en plus collective et générale.

J.E. — Ici, les requêtes pour la collectivité sont seulement esquissées. Elles seront largement développées à partir de la dixième bénédiction, lorsque l'Amida entrera dans sa phase eschatologique, et que nous ne prierons plus pour notre seul bonheur personnel, mais pour diverses formes de rédemption nationale ou universelle.

A.S. — Bien qu'elle ait été composée avant l'Exil, l'Amida décrit la situation d'hommes qui ressentent profondément l'imperfection du monde. Nous essayons d'imaginer son parachèvement : quand donc toutes les boucles seront-elles bouclées ? Quand donc les choses recevront-elles leur véritable forme ? C'est le sens de cette « bénédiction des Puissances » : nous mettre en perspective. Parler du présent en se projetant dans l'avenir, et partir des petites choses de la vie pour atteindre les plus grandes espérances.

Trois fois saint

Tu es saint, Ton Nom est saint,
et les saints te loueront chaque jour.
Loué Sois-Tu, Dieu saint.

Troisième bénédiction

L'Eternel parla à Moïse, disant :
« Parle à la communauté d'Israël et dis-lui :
"Soyez saints, car Je suis saint,
Moi, l'Eternel votre Dieu." »

Lévitique 19, 1

J'ai vu l'Eternel, assis sur un trône
haut et élevé, et ses pans
emplissaient le sanctuaire.
Des séraphins se trouvaient debout près de lui,
chacun avait six ailes, deux pour voiler sa face,
deux pour voiler ses jambes et deux pour voler.
Ils s'appelaient l'un l'autre et disaient :
« Saint, saint, saint est l'Eternel Tsevaot :
Sa gloire emplit toute la terre. »

Isaïe 6, 1-3

JOSY EISENBERG. — Les deux premières bénédictions de l'Amida distillaient quelques vertus de Dieu, soit dans son rapport à Israël — première bénédiction —, soit dans son universelle puissance : seconde bénédiction. Dans la troisième, le fidèle franchit, non sans une certaine audace, un degré de plus. Il *qualifie* Dieu : « Tu es saint. » Il ne s'agit plus d'évoquer les divers pouvoirs attribués à Dieu, mais de dire *ce qu'Il est*.

Nous sommes ainsi amenés à nous interroger sur ce concept — la sainteté — qui joue un rôle si fondamental dans toutes les religions. Cette vertu est généralement réservée à certaines catégories d'êtres humains, et il paraît pour le moins étonnant de l'attribuer à Dieu. Bien plus : de dire qu'Il est *Trois fois saint*. Sans doute, pour répondre à cette question, nous faudrait-il tout d'abord définir ce qu'est la sainteté — la *kedoucha* — selon le Judaïsme.

Adin STEINSALTZ-EVEN ISRAEL. — Il faut tout d'abord distinguer deux problèmes : d'une part, le concept de sainteté ; de l'autre, notre rapport à la sainteté.

Dans quelque langue que ce soit — mais en hébreu, c'est particulièrement frappant — la sainteté désigne ce qui est transcendant et au-delà des limites humaines. C'est une zone avec laquelle je n'ai point de contact direct, de point de tangence.

Ce qui explique, au demeurant, que ce terme puisse également, dans la Bible, désigner le contraire de la sainteté.

J.E. — C'est-à-dire le domaine des choses auxquelles il ne faut pas toucher. Si l'on s'en tient à cette définition très générale de la sainteté, la transcendance, il s'agit, par suite, d'un jugement de réalité et non d'un jugement de valeur. C'est un peu comme l'impossible rencontre entre le fini et l'infini. Je suis en présence d'une réalité qui me dépasse, qui est au-delà de mes capacités de perception : c'est un constat, qui n'implique pas nécessairement de jugement moral.

A.S. — En parlant de transcendance, en effet, je ne me réfère ni au bien ni au mal. Dans toute notre littérature, comme nous l'avons dit précédemment, la sainteté désigne ce qui est « de l'autre côté ».

Quant à notre attitude face à la sainteté elle est infiniment plus complexe. Bien entendu, il y a tout d'abord une prise de conscience de la transcendance. C'est tout à fait évident si l'on se rapporte à la vision d'Isaïe, d'où est d'ailleurs tirée la formulation de la bénédiction de la sainteté.

J'ai vu l'Eternel, assis
sur un trône haut et élevé[1]...

Ce que le prophète « voit » tout d'abord, c'est que Dieu est « très haut ».

J.E. — En français, nous parlons précisément du « Très-Haut ».

A.S. — Le prophète éprouve une sensation qui constitue le fondement de tout rapport à la transcendance. Freud a qualifié cette sensation de « sentiment océanique » : ce que l'homme ressent face à ce qui lui apparaît comme étant de l'ordre de l'infini.

J.E. — Vous donnez de la sainteté une définition qui est classique, en tout cas, lorsque l'on dit que Dieu est saint. Le problème, c'est que ce terme ne s'applique pas seulement à Dieu : il concerne également les Anges — nous y reviendrons — et les hommes. Or, non seulement la Bible utilise le même terme pour Dieu et pour les hommes, mais elle établit un puissant rapport de similitude entre les deux.

Sanctifiez-vous, et soyez saints
car Je suis saint[2].

Soyez saint, car je suis saint,
Moi, l'Eternel votre Dieu[3].

Ces textes, en fait, nous les comprenons généralement de la manière suivante : « Soyez saints *COMME MOI* qui suis saint. » Mais il va de soi que nous ne pouvons pas être saints de la même manière que Dieu. Ici, il ne peut plus être question de transcendance. La sainteté des hommes, que nous tenterons de définir, n'est manifestement pas ce lieu impossible à atteindre, hors de nos limites, dont vous parliez. C'est tout le contraire : on nous somme d'y parvenir.

A.S. — Certes ! Quand il s'agit de l'homme, la sainteté ne se traduit pas par la transcendance, mais par la *séparation*. Observons cependant que toute séparation est *distance* avec l'autre côté des choses.

J.E. — Nous retrouvons donc quelque chose qui renvoie la sainteté des hommes à la nature fondamentale de la sainteté divine.

A.S. — Il nous faut simplement distinguer le substantif *kodèche* (sainteté) de l'adjectif *kadoche* (saint). Le *kodèche* désigne la nature même de la sainteté, qui est de l'ordre de Dieu. Toute sainteté en émane ; toute personne qui accède à la sainteté est reliée à ce que, dans le Hassidisme, on appelle *Kodèche Elyone* (la source suprême de la sainteté). C'est aussi le sens du verset que vous avez cité : « Sanctifiez-vous, soyez saints, car Je suis saint ! » Il faut comprendre : *Votre sainteté émane de la Mienne.* Elle a donc, elle aussi, une certaine relation à la transcendance de la sainteté divine qui, en quelque sorte, s'étend et absorbe diverses choses et personnes.

J.E. — La sainteté, si j'ose dire, peut être contagieuse...

A.S. — L'homme peut consacrer et sanctifier des choses :
il peut donc également se sanctifier soi-même.

Les Pharisiens

J.E. — Il y a incontestablement deux aspects fondamentaux
de la sainteté. D'une part, l'idée de transcendance, de ce qui
est radicalement autre. Elle convient manifestement à Dieu :
c'est à la fois le moins et le plus que nous puissions dire de lui.
C'est le mystère absolu et l'altérité totale. Elle convient peut-
être moins à l'homme, mais il est vrai qu'il peut se transcender
et devenir « autre », tant par rapport à soi que par rapport aux
« autres ».

La seconde dimension, c'est celle de la *séparation*. Elle apparaît constamment dans toute la littérature juive dès qu'il est
question de sainteté des hommes. La référence fondamentale
apparaît dès l'appel lancé à Israël dans le verset du Lévitique
cité précédemment : « Soyez saints. » Rashi, le grand exégète
français, citant le Midrach, commente ce verset en donnant
une définition claire et concise de la sainteté.

Soyez séparés des unions interdites et du péché
car chaque fois que la Torah met en garde
contre les unions interdites, elle parle de sanctification[4].

Etre saint, ou, plus précisément, se sanctifier, c'est donc reje-
ter le péché, s'abstenir du mal et résister à la tentation. C'est
davantage une attitude, une discipline, un état d'esprit qu'un
état tout court.

Observons que Rashi utilise, pour parler de se « séparer » du
mal, le mot *Perouchim* qui, dans l'Israël ancien, désignait les
Pharisiens. Les Pharisiens, si souvent décriés dans les Evangiles,
et que l'exégèse contemporaine, en milieu chrétien, ne cesse de
réhabiliter, étaient des Juifs qui multipliaient les précautions
pour se « séparer » du mal : du péché, de la tentation, de l'im-

pureté. A cet effet, ils multiplièrent les règles qui établissaient avec la faute des distances — appelées « haies » — pour couper court à toute tentation. Par exemple : ne pas rester seul avec une femme dans un lieu fermé. Le pharisianisme, dont l'actuel Judaïsme rabbinique est l'héritier, n'est rien d'autre qu'une quête de sainteté par la distanciation avec toutes les formes de mal.

Dans ce sens, on ne voit guère comment le concept de sainteté pourrait s'appliquer à Dieu. Non seulement, il paraît difficile d'imaginer qu'il puisse éprouver quelque tentation que ce soit, mais la Bible affirme fortement qu'Il est en dehors de la sphère du mal. Le Psalmiste dira : « Le mal n'habite pas chez Toi[5]. »

A.S. — Mais c'est bien là précisément la définition que nous donnions de la sainteté fondamentale ! Il ne s'agit pas — comme pour les hommes — de s'éloigner du mal : le mal n'a aucun contact avec la sainteté. Ce sont là deux mondes qui ne peuvent s'interpénétrer. En chimie, on parle de gaz ou de métal noble. Ils restent toujours à l'état pur et ne souffrent aucun mélange.

Un jour, on a posé au rabbi de Kotsk[6] la question suivante : comment se fait-il que, selon la loi, si une chose impure touche une chose pure, cette dernière devient impure, alors qu'à l'inverse, une chose pure ne rend pas pure une chose impure en la touchant ? Il a répondu : le pur ne peut jamais « toucher » l'impur. Par nature, il ne peut être en contact avec lui.

J.E. — Il n'y a pas de réciprocité.

A.S. — Il en va un peu de même lorsqu'on parle de la sainteté des hommes, bien qu'ici les choses soient évidemment plus complexes. Théoriquement, l'homme saint ne peut être en rapport avec le mal. Il le côtoie mais sans en être éclaboussé.

J.E. — C'est la définition que Rabbi Chnéour Zalman de Lady[7] donne du Juste parfait : il est au-delà de toute tentation, et, à plus forte raison, de tout passage à l'acte. Le mal ne *l'ef-fleure* plus.

A.S. — Et s'il l'effleure, c'est qu'il ne s'agit pas d'un Juste parfait ! C'est comme ce qui est dit de Dieu dans la liturgie : « Aucune souillure ne saurait te souiller. » Si je ne veux pas me salir, je me tiens à l'écart de la saleté. Mais il y a des choses qui ne *peuvent pas* me salir, et peu importe où je me trouve et ce que je touche.

Il y a des choses dont je puis m'approcher, mais que je n'arriverai jamais à toucher. En mathématiques, on appelle cela une asymptote. On peut s'en approcher de plus en plus ; on ne l'atteint jamais. On reste toujours de l'autre côté.

Il me semble que l'idéal de la sainteté, sinon sa pratique, aspire précisément à cela : non point *s'isoler*, mais rester *séparé*. C'est dans ce sens que la Bible dit qu'Israël « *est un peuple à part*[8] ». Il ne s'agit pas d'isolationnisme, mais de vivre avec tous les autres tout en restant différent.

En fait, il y a deux catégories d'« autres ». Il y a celui auquel il faut prendre garde, et celui que rien ne peut atteindre. L'un est comme fermé et, si on l'ouvre, il explose ; le second, rien ne peut lui arriver. On parle quelquefois de deux types de secrets, le petit et le grand. Le petit, je dois le garder ; si j'en parle, il n'y a plus de secret. Le grand, quoi que j'en dise, restera toujours secret.

Le Baal Chem Tov[9] parlait de ce paradoxe en rappelant que la valeur numérique du mot secret — *raz* — équivalait à celle du mot *or* (lumière). Il y a des secrets qui doivent rester dans l'ombre ; et d'autres, qui peuvent être en pleine lumière.

Cette dialectique du caché et du révélé concerne précisément la sainteté. C'est dans ce sens que l'on dit à la fois de Dieu qu'il est *saint* et *béni*. Ce sont deux attributs diamétralement différents et associés de manière paradoxale.

Transcendance et immanence

J.E. — C'est une dialectique classique. *Saint* désigne la transcendance de Dieu ; *béni,* son immanence. Ce terme exprime en effet qu'il est la source des bénédictions que reçoivent les hommes, et, par conséquent, du rapport immanent que Dieu entretient avec le monde. Dans la liturgie de Yom Kippour, on trouve un merveilleux hymne chanté à deux voix par les Anges. A la fin de chaque strophe, les uns disent : *saint* ; les autres répondent : *béni.* Et la communauté conclut : « Il est saint et béni. »

A.S. — Il existe, entre ces deux termes, une sorte de tension que l'on retrouve dans la formulation de la Kedoucha.

J.E. — La Kedoucha — sanctification — est une courte prière, que l'on inclut lorsque l'officiant répète l'Amida à voix haute. Elle évoque le chœur des Anges, et invite la communauté à l'imiter.

Sanctifions Ton Nom dans le monde,
tout comme on le sanctifie dans les sphères célestes,
ainsi qu'ont dit les prophètes :
les Anges s'interpellent et disent
saint, saint, saint est l'Eternel Tsevaot
le monde est empli de sa gloire.

Ce texte est emprunté à la vision d'Isaïe [10]. Nous reviendrons sur le triple emploi du mot saint. Dans la suite de ce texte, on parle de l'immanence divine.

Bénie soit la gloire divine depuis Son Lieu.

A.S. — Nous avons là une triade — au sens hégélien du terme — constituée de divers versets bibliques :
Les Séraphins disent « trois fois saint » : c'est la transcendance.
Les Ofanim disent : « Bénie la gloire de Dieu depuis Son Lieu » : c'est l'immanence.

Et la Kedoucha s'achève par une troisième formule : « Que règne à jamais l'Eternel, ton Dieu, à Sion, de génération en génération, Hallelouya [11]. »

J.E. — La Kedoucha est un montage de textes bibliques : un verset d'Isaïe pour la transcendance, un verset d'Ezéchiel pour l'immanence et un texte des Psaumes qui conclut la triade.

A.S. — Dieu règne à Sion : c'est la synthèse de la transcendance et de l'immanence. On y trouve divers concepts : la royauté, le temps, l'espace, l'éternité, réunis dans une seule et même phrase. Il s'agit de représenter la sainteté non pas comme une abstraction, mais comme quelque chose qui existe dans le culte : le *saint* et le *béni* s'interpénètrent en permanence.

J.E. — L'Amida n'a pas pour fonction majeure d'exalter la sainteté du Dieu transcendant, mais les bénédictions qu'Il déverse sur le monde. Et cela, par dix-neuf fois !

A.S. — Il faut en effet revenir sur la structure de l'Amida. La bénédiction de la sainteté, placée en troisième position, y occupe une place apparemment étrange. On pourrait penser que l'Amida suit une pente descendante. On part des grandes choses, l'Alliance avec les Patriarches, la résurrection des morts, la sainteté de Dieu, puis on adresse diverses requêtes — le pardon, la santé, le retour à Jérusalem — qui sont bien de ce monde. Néanmoins, il ne s'agit pas d'une structure vraiment linéaire, mais plutôt musicale. On monte et on descend.

J.E. — On passe du majeur au mineur.

A.S. — On peut dire en effet qu'on part aussi d'en bas : je me présente devant le Roi, je dis qui je suis ; je lui attribue la puissance — la résurrection — qui est une sorte de *gloria*. Et enfin, je parle de la transcendance et des Anges. Je passe de l'histoire à la glorification puis de la glorification à la pure métaphysique.

Que se passe-t-il après ? Il faut bien que le monde vive !

J.E. — Que l'on passe de la sainteté à la bénédiction...

A.S. — La sainteté n'est que le prélude de la bénédiction. Elle comporte à la fois l'Autre radicalement différent et la bénédiction, par le biais d'une extension, en cercles concentriques, de la sainteté. C'est ce qui va justifier nos demandes.

A l'école des anges

J.E. — Nous comprenons mieux maintenant le cheminement spirituel de l'Amida. J'entre dans le palais, je m'approche du Roi, je découvre sa grandeur, son absolue altérité, je le proclame « trois fois saint ». Après cette montée, je vais redescendre sur terre et parler de mes besoins.

C'est parfaitement logique. Vous m'avez dit une fois, parlant de Dieu, que toute montagne nous paraissait minuscule de loin, et énorme de près. Proche de Dieu, j'éprouve sa transcendance. Il se trouve cependant que la formulation de la sainteté de Dieu que l'on trouve dans l'Amida n'est pas l'expression d'un sentiment éprouvé spontanément par les hommes. Nous ne faisons que répéter les termes utilisés par les Anges dans la fameuse vision du chapitre six d'Isaïe. Nous y découvrons une scène étonnante du monde d'En-Haut : les Anges en train de prier. On peut dire les choses autrement : le monde entier, y compris les univers les plus secrets, chante la gloire de Dieu. C'est ce qu'affirme la pensée juive, depuis la Bible jusqu'au Hassidisme. On parle même d'un temple d'En-Haut, d'une Jérusalem céleste, où un culte est rendu à Dieu trois fois par jour : les Anges y jouent le rôle de fidèles. Sage précaution : il y a sans doute moins d'absentéisme au ciel qu'à la synagogue... Le Talmud va même jusqu'à dire que, lors de la fameuse lutte de Jacob avec l'Ange, ce dernier l'a supplié de le laisser partir parce qu'il devait participer au céleste office du matin ! On peut se poser la question : pourquoi a-t-il fallu nous proposer le modèle des Anges pour nous enseigner la sainteté divine ? Est-ce parce que nous sommes limités intellectuelle-ment ?

A.S. — Nous le sommes ! Rabbi Chnéour Zalman disait : « Si je suis un homme intelligent, je sais où je suis lorsque j'entre dans le palais royal. Mais si je suis un paysan, j'ai besoin d'apparat ; sinon, lorsque je verrai le roi, je ne saurai pas qu'il est le roi ! Qu'est-ce qui est susceptible de m'impressionner ? Les gardes, les officiers, les généraux. Là, je commence à comprendre. Ce qui me frappe, c'est moins ce que je saisis que ce que je vois : tous ces personnages, qui me paraissent telle-ment importants, et qui se prosternent devant cet homme ! »

Il y a deux grandes visions dans la Bible : celle du trône divin, par Isaïe, et celle du char céleste par Ezéchiel[12]. Isaïe — qui est de souche royale — ressemble à un citadin qui entre dans le palais royal, et Ezéchiel à un paysan.

J.E. — Vous voulez dire que l'abondance de détails que l'on trouve dans la description du char contraste avec le dépouillement de la vision d'Isaïe ?

A.S. — Ce qui différencie les deux prophètes, ce n'est pas tant ce qu'ils voient que ce qui les frappe. Le paysan a besoin de voir l'or, l'argent, les médailles et les ornements pour être impressionné ; ce n'est pas le cas du citadin.

Si nous recourons aux Anges, c'est à cause de la faiblesse de notre entendement. Si nous étions aptes à tout comprendre par nous-mêmes, nous pourrions aisément nous passer des Anges !

Trois fois saint

J.E. — Les Anges ne se sont pas contentés de dire que Dieu est saint. Ils l'ont répété trois fois. Cette formule, que nous récitons plusieurs fois par jour à la synagogue, a connu une grande fortune. Appelée *trisagion* en grec, *sanctus* en latin, elle a été adoptée par la liturgie chrétienne. Elle figure également dans de nombreux chefs-d'œuvre de la musique religieuse, de

Bach à Verdi en passant par Mozart, pour ne citer que les plus connus.

Bien entendu, nous savons qu'on a écrit nombre de commentaires sur cette triple formulation. Mais ne suffisait-il pas de dire que Dieu est saint ?

A.S. — Quelle que soit la pertinence des commentaires, la triple sanctification me paraît relever davantage de la poésie que de la philosophie. Si nous vivions dans un monde de définitions strictement abstraites, un seul *kadoch* (saint) suffirait. Mais s'agissant de la transcendance, il en faut davantage.

J.E. — Serait-ce comme à l'opéra où les solistes répètent indéfiniment le même mot ?

A.S. — C'est le principe de toute poésie, et c'est également vrai pour l'opéra. Il s'agit de créer une émotion : certains sentiments sont si puissants que je ne puis les exprimer en un seul mot. C'est ce qui se passe avec la sanctification de Dieu, quelles que soient par ailleurs les diverses interprétations que l'on a proposées pour cette triple formulation.

J.E. — Les plus courantes parlent soit des trois éléments que Moïse a dû traverser pour accéder au sommet du Sinaï, lieu terrestre par excellence de la sainteté : *les ténèbres, la nuée, la brume* ; soit, dans la Cabbale, des trois mondes qui séparent l'infini du fini : les mondes de la Création, de la Formation, de l'Action.

A.S. — Cette gradation de la sainteté se trouve également dans l'architecture du Temple de Jérusalem. Un premier parvis, ouvert à tous ; un lieu saint, et enfin le Saint des Saints. C'est que nous ne sommes pas préparés à rencontrer, d'un seul coup, la sainteté.

J.E. — C'est un peu comme l'histoire des quatre rabbins qui ont voulu entrer dans le Jardin secret. Trois d'entre eux furent frappés[13]. Ils ont peut-être voulu aller trop vite.

A.S. — Si l'on va trop vite, on s'approche trop près ! C'est ce qui arrive aux Philistins qui se sont emparés de l'Arche sainte : ils meurent pour en avoir été trop proches. S'approcher de la sainteté exige de s'y préparer : c'est pourquoi, en guise d'anti-choc, nous faisons trois pas en avant au début de l'Amida, puis trois pas en arrière après l'avoir terminée.

Ton saint Nom

J.E. — Les Anges ont dit : « Trois fois saint. » Mais nous ajoutons une autre triple formule :

Tu es saint, ton Nom est saint,
et les saints, chaque jour, te louent !

On évoque donc deux autres catégories de sainteté : celle des saints — de qui s'agit-il ? — et tout d'abord celle du Nom divin.

Dire que non seulement Dieu est saint mais que Son Nom l'est également me paraît poser un problème.

Certes, nous savons bien quelle place éminente les divers noms de Dieu occupent dans la pensée juive, notamment le Nom ineffable, le tétragramme YHVH. Mais, selon les cabbalistes, le Nom divin ne semble pas, a priori, connoter la transcendance. Il est généralement présenté comme l'instrument de l'immanence ou, en tout cas, ce qui relie l'Infini au monde fini. C'est par Son Nom que Dieu communique avec l'Univers. C'est au moyen de Son Nom qu'il l'a créé. Si l'on se place du point de vue de l'origine, le Nom est saint. Mais du point de vue de son instrumentalisation, il le paraît moins. Il y a tout de même une certaine ambivalence dans la « sainteté du Nom ».

A.S. — Oui, mais n'oublions pas que nous avons une tradition, qui semble d'ailleurs quelquefois déranger : nous n'appelons jamais Dieu par Son Nom ! Il reste ineffable et fermé. On emploie des noms de substitution, et même des substituts de substituts.

J.E. — Par exemple : quand on lit le tétragramme, on dit *Adonay* (Seigneur) ou *Elohim*. Et souvent, quand il ne s'agit pas d'énoncer une formule rituelle, mais de citation, on ne dit même pas Adonay — tu ne prononceras pas le Nom de l'Eternel en vain —, mais simplement *Hachème* : le Nom.

A.S. — On évite également de l'écrire sans raison impérative. Voilà qui prouve abondamment que le Nom divin est, lui aussi, saint. C'est un stade intermédiaire de la sainteté.

J.E. — On peut sans doute expliquer le caractère transcendant attribué au Nom divin de la manière suivante. Selon les cabbalistes, le Nom de Dieu exprime Sa volonté. Cette affirmation repose sur un célèbre texte du Talmud : « Avant la Création du Monde, il n'y avait que Dieu et Son Nom. » S'appuyant sur le fait que la valeur numérique de « Son Nom » (346) équivaut à celle du mot Volonté (*ratsone*), les cabbalistes ont fort judicieusement interprété : « Avant la création du Monde, il n'y avait rien d'autre que Dieu et sa Volonté Créatrice. » Or, même si elle s'applique à la création d'un monde fini et limité, la Volonté divine est, dans son essence, sans limites et transcendante.

A.S. — Dieu est appelé « Dieu grand, puissant et redoutable ». Dans les prières de Kippour, on décrit la cérémonie des expiations au Temple et l'on dit : « Lorsque le peuple entendait le Nom grand et redoutable, il se jetait à terre. » Autrement dit : l'être humain ne peut pas être en relation avec ce Nom. Il est donc bien transcendant et saint.

J.E. — Si nous disons que Nom = Volonté = Transcendance, on peut peut-être comprendre aussi qu'il y a une certaine transcendance dans l'acte créateur : Dieu ne veut pas d'un monde banal...

A.S. — Dans le langage de la Cabbale, le Dieu transcendant est appelé : *Sovève Kol Almine* : celui qui *englobe* les mondes ; et le Dieu immanent : *Memalé Kol Almine* : celui qui *emplit* les mondes. Je dirais donc : « Tu es saint » désigne Dieu qui englobe : « Ton Nom est saint », le Dieu qui emplit.

J.E. — On peut dire aussi : « Tu es saint », c'est l'essence ; « Ton Nom est saint », c'est l'existence.

A.S. — En effet, et il y a une étroite corrélation entre l'une et l'autre. Parce que, dans toutes les cultures, on parle de sainteté. Encore faut-il savoir jusqu'à quel point on est saint ! Mais quand on dit : « Saint, saint, saint », alors là, pas de doute : même le Nom est saint !

Il y a quelque chose de similaire dans le *tabou*. Il concerne généralement les objets, mais finit quelquefois par s'appliquer aussi aux noms : on ne les prononce pas. Tout comme on n'appelle jamais un roi par son nom.

Les saints vigilants

J.E. — Il y a trois affirmations dans cette bénédiction : « Tu es saint, Ton Nom est saint, et les saints te loueront chaque jour. » Nous avons suffisamment, me semble-t-il, explicité les deux premières. Reste à comprendre la troisième : qui sont ces « saints » qui chantent les louanges de Dieu ?

A.S. — Ce terme a, de toute évidence, une double signification. D'abord, dans toutes les littératures religieuses, il désigne les Anges. Dans le livre de Daniel, ils sont appelés « les saints vigilants ».

J.E. — Une expression qui aura une grande fortune dans la littérature apocalyptique, notamment les livres d'Hénoch.

A.S. — C'est aussi le cas dans les textes sacrés les plus anciens de l'Orient : Ugarit, la Phénicie. Partout, le terme de *saint* se réfère à des essences supérieures.

Mais dans l'Amida, ce terme est manifestement et intentionnellement ambivalent : il désigne à la fois les Anges et les hommes. Les uns et les autres chantent la gloire de Dieu.

J.E. — Il est intéressant de constater que c'est dans le même livre de la Bible que l'on parle de « saints » au double sens du terme. Dans une de ses visions, le prophète Daniel aperçoit les « saints vigilants » que vous avez cités ; mais à la fin du livre, le royaume éternel est promis à Israël appelé « le peuple des saints du Très-Haut »[14]. Les hommes aussi peuvent accéder à la sainteté.

A.S. — C'est ainsi que l'on peut expliquer l'enchaînement des bénédictions de l'Amida. L'existence des saints justifie que l'on puisse prier et adresser des requêtes à Dieu, ce qui va constituer le thème des prochaines bénédictions. Il y a tellement de saints qu'ils méritent de recevoir les uns la connaissance, les autres la nourriture, et toutes ces choses pour lesquelles nous prions à partir de la quatrième bénédiction.

Donc, parler des saints, ce n'est pas briser la continuité des bénédictions. Au contraire : c'est ce qui va nous permettre de rebondir. Mais cela pose un problème : dire d'un homme qu'il est saint apparaît paradoxal.

J.E. — Surtout si l'on prend pour référence Dieu et les Anges.

A.S. — Si l'on est saint, on n'est plus tout à fait homme, et si l'on est homme, on ne peut être complètement saint !

J.E. — Il est clair que le concept de sainteté n'a pas la même signification, s'agissant des hommes, que celle que vous avez proposée à propos de Dieu : la transcendance et l'altérité radicale. Pour cerner cette question, il faut préalablement distinguer la conception juive de l'homme saint de celle qui prévaut généralement dans le christianisme : une personne qui renonce aux plaisirs de ce monde, aux biens matériels, aux joies du mariage. Il n'est pas question de semblables renoncements dans le Judaïsme. Le saint mène une vie sociale et familiale comme le reste de la communauté. Mais il s'abstient de tout contact avec l'interdit et l'impur, que ce soit en pensée, en paroles ou en action. Il s'en sépare : c'est le Pharisien. Comme le dit la Bible : « Tu te préserveras de toute chose mauvaise[15]. »

A.S. — La sainteté tire l'homme vers le haut ; son « humanité » le tire vers le bas. Moïse est appelé « homme de Dieu ». Comment peut-on être à la fois en haut et en bas ? Cela dit, se préserver du mal, c'est en effet, pour un homme, l'exigence première de l'accession à la sainteté. La Torah le dit on ne peut plus explicitement.

Vous serez des hommes saints pour moi ;
vous ne mangerez pas de viande
d'une bête morte dans les champs :
vous la jetterez aux chiens[16].

Ici être saint, c'est s'abstenir d'une nourriture interdite. C'est être un homme comme les autres, manger ceci, ne pas manger cela, respecter les interdits.

J.E. — Ce n'est pas refuser le monde.

A.S. — On trouve dans le Talmud un enseignement extrêmement intéressant, qui, soit dit en passant, est attribué à une femme. A savoir que « tout ce que la Torah a interdit d'un côté, elle l'a autorisé de l'autre[17] ».

J.E. — Autorisé quelque chose de similaire. Par exemple, un homme n'a pas le droit d'épouser sa belle-sœur ; mais il peut le faire en cas de lévirat : lorsque son frère meurt sans enfant. Dans un autre ordre d'idées, le Talmud donne pour exemple un poisson dont la chair a le même goût que la viande de porc...

A.S. — L'idéal de sainteté n'a pas pour vocation de frustrer l'homme de quoi que ce soit ici-bas. Cette conception s'inscrit dans la dynamique de l'existence et s'exprime dans la prière et dans sa formulation.

Dans un certain sens, prier, c'est essayer d'aller *plus haut*. C'est l'essence même de la prière. En revanche, dans son contenu et son expression, la prière exprime ce que je souhaite obtenir *ici-bas*. Cela semble paradoxal, mais ce paradoxe repose sur l'idée que la sainteté peut *s'étendre* et se diffuser. Une idée abondamment exposée par les prophètes, et qui s'exprime dans un verset célèbre : « Ce jour-là, Dieu sera Un et son Nom Un [18]. »

J.E. — On ne dira plus : « Tu es saint et Ton Nom est saint » : Dieu et Son Nom ne feront plus qu'un. La sainteté sera devenue une et indivisible. Nous récitons ce verset en conclusion de chacun des offices. C'est l'attente d'un monde totalement unifié : le royaume, ou plutôt, le règne de Dieu. Cette magnifique prière finale mériterait d'être citée *in extenso*.

C'est pourquoi nous espérons voir bientôt Ta gloire,
que disparaissent les idoles,
que le monde soit réparé
par le règne du Tout-Puissant,
que tous les fils de la chair reconnaissent Ton Nom,
ce jour-là, Dieu sera Un et Son Nom Un [19].

A.S. — L'unification de Dieu et de Son Nom signifie que nous ne voulons pas construire un monde qui laisserait la sainteté à sa porte. C'est pourquoi, après avoir dit *trois fois saint*, nous ajoutons : *Sa gloire emplit l'Univers*. Autrement dit : la sainteté de Dieu se propage de haut en bas par le truchement de Son Nom qui en est le vecteur.

Ce que nous cherchons, c'est introduire la sainteté dans notre monde. Elle n'est pas qu'immanente, elle est aussi dynamique. Le but, ce n'est pas de rendre Dieu saint — il n'a pas besoin de cela — mais de sanctifier le monde. Lui, il en a vraiment besoin.

A l'image de Dieu

J.E. — Il y a une sainteté d'En-Haut ; elle n'a de sens que si elle se propage En-Bas. Spiritualiser la matière : vous disiez que c'est paradoxal, mais c'est précisément la vocation humaine. C'est par l'homme que le divin — la sainteté — pénètre et informe le monde. C'est un défi à notre finitude et à la loi de la pesanteur de la vie. Bien qu'il ne soit jamais qualifié de saint, il semble bien que Moïse ait réussi à relever ce défi. Il est écrit que « Moïse parlait à Dieu face à face, comme un homme qui parle à son ami, puis retournait au camp[20] ». Il savait être à la fois du ciel et de la terre.

En fin de compte, la sainteté des hommes, telle que nous avons tenté de la définir, c'est l'idéal suprême du Judaïsme. Si l'on y attache tant d'importance, n'est-ce point parce qu'elle rend l'homme, à son échelle, semblable à Dieu, affecté du même attribut ?

A.S. — C'est ce que les théologiens chrétiens ont appelé *imitatio Dei* : (l'imitation de Dieu). Cette idée est largement développée dans le Talmud.

Tout comme Dieu agit gratuitement,
agissez gratuitement.
Tout comme il est miséricordieux, soyez miséricordieux[21].

Et enfin : « Tout comme Il est saint, soyez saints. »

Cette translation de la sainteté de Dieu à celle des hommes nous renvoie à une autre question fondamentale de la théologie juive : où va le monde ? Quelle est son apogée, son apothéose ? Nahmanide répond : « C'est la résurrection des morts[22]. »

J.E. — C'est un peu surprenant.

A.S. — Pas du tout ! Que se passe-t-il après la mort ? Nous sommes délivrés du corps et de nos soucis. L'âme, théoriquement, devient sainte. Ce n'est pas par hasard que l'on parle dans l'Amida de la résurrection juste avant d'évoquer la sainteté. On pourrait penser qu'avec la sainteté acquise par la mort, le but ultime est atteint. Dire qu'il y a quelque chose après la mort, au-delà des béatitudes célestes, qui s'appelle la résurrection, cela revient à dire : la sainteté ne se limite pas à la vie céleste : elle doit irriguer le monde physique. La véritable apothéose, ce n'est pas de détruire la vie : c'est de la ressusciter.

J.E. — Et parvenir à la sainteté suprême et définitive. Ce pourrait être notre conclusion. J'aimerais cependant faire une remarque : l'idée de sainteté, au sens du rejet du mal, n'a de sens, précisément, qu'en raison de l'évidente réalité du mal. Selon la Cabbale, il ne faut pas comprendre que l'arbre de la connaissance était celui de *la connaissance du bien ou du mal,* mais, comme le dit littéralement le texte, celui de la connaissance « du bien ET du mal ! ». Autrement dit, dans notre monde, ils sont confondus. La sainteté consiste à les démêler. Cela n'est pas dit dans la bénédiction que nous commentons, mais c'est certainement en filigrane.

A.S. — C'est en filigrane. Une fois de plus, je voudrais revenir sur la composition de l'Amida. Avec la troisième bénédiction s'achève le prélude. Dès la quatrième, nous allons prier et quémander. En cela, les hommes diffèrent des Anges qui, eux, n'ont aucunement besoin de quémander. Ils proclament la sainteté de Dieu et n'ont rien de plus à faire.

J.E. — C'est comme si leur « prière » s'arrêtait à la troisième bénédiction ; nous, nous allons continuer et en réciter dix-neuf !

A.S. — Nous, nous avons quelque chose à demander. Nous nous présentons devant Dieu avec tous nos manques. Une ancienne parabole décrit la situation de l'homme qui va demander une obole. S'il est élégamment habillé, il lui faudra un certain temps pour expliquer qu'il est pauvre et qu'il a tel ou tel problème. Il devra faire preuve d'éloquence. Mais s'il vient en haillons, blessé, l'air misérable, il n'aura même pas besoin de parler : on sait d'emblée tout ce qui lui manque...

Dans les Psaumes, on trouve une expression admirable : « Et moi, je suis prière[23]. » Je n'ai pas besoin de prier : je suis prière !

C'est ce qui se passe dans l'Amida : nous y exposons longuement et point par point tout ce qui nous manque et tout ce qui fait défaut au monde. Si le monde était parfait, je n'aurais pas besoin de l'Amida.

J.E. — Nos manques, nos désirs, nos attentes : après ce prélude, nous allons en effet entrer dans le vif du sujet en commentant la quatrième bénédiction.

DEUXIÈME PARTIE

SCIENCE ET CONSCIENCE

Savoir demander

Tu gratifies l'homme de la connaissance,
et enseignes à l'humain l'intelligence.
Gratifie-nous de la connaissance,
de l'intelligence et de la compréhension.
Loué sois-Tu, Eternel,
qui gratifie de la connaissance.

Quatrième bénédiction

Tu as acquis la connaissance,
que te manque-t-il ?
Mais si la connaissance te manque,
qu'as-tu acquis ?

Talmud

Josy EISENBERG. — Les trois premières bénédictions constituent une sorte de préambule en guise de profession de foi. Vous avez insisté sur le fait que le fidèle y décline son identité pour justifier son droit à s'adresser à Dieu. Néanmoins, le préambule reste fortement impersonnel : il parle davantage de Dieu et de ses vertus que des besoins du fidèle. Il proclame la fidélité, la puissance, la compassion et la transcendance du Créateur. Dans un certain sens, il situe moins le fidèle dans ce qu'il *est* que dans ce qu'il *croit*. Ce sont, au sens littéral du terme, des lettres de *créance*.

Avec la quatrième bénédiction, nous entrons dans un tout autre registre, plus conforme à la nature profonde de l'Amida : une série de *requêtes*. Or, à considérer la première d'entre elles, on ne peut manquer d'être surpris. On s'attend à ce que l'on demande à Dieu de satisfaire les besoins les plus élémentaires de l'existence : le pain quotidien, la santé, la liberté. Il n'en est rien. La première requête concerne une série de facultés intellectuelles qui sont toutes de l'ordre de la connaissance. Selon les communautés, il existe d'ailleurs plusieurs versions de cette requête. Celle que nous avons citée en exergue parle de « connaissance » (*déa* ou *daat*), d'« intelligence » (*binah*) et de « compréhension » (*haskel*). Une autre version, très répandue dans le monde du Hassidisme, énumère également trois dimensions intellectuelles, mais dans un autre ordre et avec une variante : la « sagesse » (*ho'hmah*), l'« intelligence » (*binah*) et la

« connaissance ». Cette version est particulièrement intéressante parce qu'elle se fonde sur la Cabbale où ces trois termes désignent les deuxième, troisième et quatrième sephirot [1]. Elles caractérisent au demeurant un mouvement spirituel dont vous êtes proche, et dont le nom est constitué par l'acrostiche de ces trois sephirot : *H'abad* (HBD) [2] ; mouvement plus généralement connu sous le nom de Lubavitch.

Quoi qu'il en soit, et sans mésestimer le rôle joué dans notre vie par nos facultés intellectuelles, pourquoi leur avoir donné la priorité dans les requêtes adressées à Dieu ?

Savoir demander

Adin STEINSALTZ-EVEN ISRAEL. — Même si elle est rarement citée par les commentateurs, qui invoquent d'autres raisons, la réponse la plus évidente, c'est : la première chose que je dois demander, c'est de savoir QUOI DEMANDER ! Ce n'est pas aussi simple qu'il y paraît ! J'ai un rendez-vous de quelques minutes avec le Saint-Béni-Soit-Il et je dois les mettre à profit pour demander ce qui est *réellement important* en évitant de dire de sottises. C'est là un préalable fondamental. Je vais adresser à Dieu toutes sortes de requêtes ; encore faut-il que je sache bien ce que je dois demander.

Nous trouvons une illustration de cette nécessité dans la prière des Jours Redoutables. Tant à Roch Hachanah qu'à Yom Kippour, avant la prière de Moussaf, l'officiant adresse à Dieu une poignante supplication.

J.E. — C'est une très belle prière. Il proclame avec grande humilité qu'il est saisi de tremblements parce qu'il se sent « pauvre en mérites » et qu'il a été délégué par la communauté pour porter sa prière vers le ciel.

A.S. — Et il supplie Dieu de l'inspirer pour qu'il formule une « juste prière », pour qu'il dise les mots qui conviennent. C'est exactement ce qui se passe dans la quatrième bénédiction : accorde-moi de *savoir* ce que je dois te demander.

J.E. — Au fond, cela n'a rien d'étonnant. Est-ce que nous savons vraiment ce que nous désirons ou, en tout cas, ce qui nous manque vraiment ? Ce qui nous est vraiment nécessaire ? Ne réduisons-nous pas souvent nos désirs à des attentes qui ne sont pas toujours fondamentales voire vitales ? Savoir ajuster ses demandes, soit aux véritables nécessités, soit à la situation dans laquelle nous nous trouvons, cela demande réflexion. Vous m'avez raconté un jour l'anecdote du soldat russe qui a sauvé la vie du tsar. Celui-ci lui dit : « Je veux te récompenser ; demande-moi ce que tu veux. » Et le soldat de répondre : « Mon caporal n'est pas gentil avec moi. Pourriez-vous le muter ailleurs ? » Il aurait pu demander une fortune ou la main de la fille du tsar !

A.S. — C'est tout à fait cela. La première demande que nous adressons à Dieu, c'est précisément de savoir quoi demander. Nous nous présentons à lui avec diverses requêtes. Les unes figurent dans le livre de prières ; les autres sont personnelles et spontanées ; à cet effet, j'ai tout d'abord besoin de discernement.

Il y a un second aspect des choses, qui apparaît fréquemment dans notre littérature. Ce qui est en question ici, c'est une certaine conception de l'homme. Que faut-il entendre par « homme » ? Certes, l'Amida comporte la satisfaction de besoins essentiels ; mais voilà que les premières demandes ne concernent pas nos besoins matériels. Non pas qu'ils ne soient pas importants ! En fait, l'Amida parle de besoins très concrets, mais avant de les formuler, je dois construire mon identité humaine. Et cela commence par le discernement.

J.E. — Dans la Cabbale, les trois sephirot qui apparaissent ici — Sagesse, Intelligence et Connaissance — sont en effet celles de la tête, puisque les dix sephirot figurent le corps humain. Mais tout commence avec la conscience et l'intelligence.

A.S. — C'est bien pourquoi les deux premières demandes adressées à Dieu sont d'une part la lucidité — quatrième bénédiction — qui concerne nos *facultés intellectuelles* et, de l'autre, le retour à Dieu — cinquième bénédiction — dont dépend la pureté de notre vie *morale*. Ce sont là les deux grandes dimensions de l'existence : le discernement et l'éthique.

C'est l'occasion de préciser ce concept de connaissance (*daat*) et de lever quelques équivoques. Ce concept a de multiples aspects. Mais il ne signifie en aucun cas des connaissances précises. Il désigne un certain *savoir*, la faculté qu'a l'être humain de construire et d'organiser ce qu'il sait. On peut avoir étudié des bibliothèques entières et rester un imbécile. On peut connaître bien des choses et cependant ne pas savoir comment se comporter.

J.E. — Il ne s'agit ni d'érudition ni d'une accumulation d'informations.

A.S. — Les rabbins parlent souvent d'un « homme qui n'a pas de *daat* ». Cela ne signifie pas qu'il n'est point cultivé ou talentueux. Même chez les animaux, on trouve quelquefois de grandes capacités d'intelligence ou de créativité. Je serais bien incapable de tisser une toile d'araignée ; mais pour autant, l'araignée n'est pas douée de *daat* !

Le vrai savoir

J.E. — Vous parliez des diverses connotations de ce concept, qui occupe en effet une place fondamentale dans la pensée juive. Il me semble que ses deux significations essentielles sont d'une part métaphysique et, de l'autre, morale.

En de nombreuses circonstances, les prophètes utilisent ce terme pour désigner la *connaissance de Dieu*. C'est Moïse, rappelant aux Hébreux qu'ils ont appris « à savoir que l'Eternel est Dieu... et seul Dieu » ; Jérémie : « Je vous donnerai un cœur pour me connaître » ; David recommandant à Salomon : « Connais le Dieu de ton père »[3]. On pourrait multiplier les exemples. Il va de soi que, dans cette acception, *daat* ne signifie pas *connaître* l'inconnaissable essence divine. Qui pourrait y prétendre ? Il s'agit de tout autre chose : savoir ce que Dieu désire et attend de l'homme, ce que le prophète Michée a admirablement résumé en une seule phrase.

On t'a dit, homme, ce qui est le Bien.
Qu'est-ce que l'Eternel te demande :
sinon d'accomplir la justice,
d'aimer la bonté,
et de marcher pudiquement avec ton Dieu [4] *?*

De là découle tout naturellement la seconde signification du *daat*, d'ailleurs inséparable de la première : la connaissance du Bien et du Mal, la capacité de les distinguer : c'est le sens de la toute première occurrence du mot *daat* dans la Bible : *l'arbre de la connaissance* daat *du Bien et du Mal* [5].

Lorsque nous demandons à Dieu de nous accorder du *daat*, il s'agit, par conséquent, des deux dimensions absolument fondamentales de la vie spirituelle du croyant : savoir comment se relier à Dieu et où passe la limite entre le Bien et le Mal.

A.S. — Il faut y ajouter une autre dimension : *daat* a en effet également une connotation *émotionnelle*. Il ne s'agit pas d'une connaissance purement et strictement intellectuelle, mais d'une démarche intellectuelle qui s'accompagne de certaines sensations. Vous citiez la première occurrence du *daat* à propos de l'arbre du Bien et du Mal. Mais ce n'est pas par hasard que la seconde fois où apparaît ce verbe, c'est dans une acception devenue fameuse : la « connaissance biblique ».

Adam connut *Eve sa femme* [6].

Il ne l'a pas connue à travers un dessin ou une description.

J.E. — C'est la relation intime et c'est l'amour.

A.S. — La question qui se pose, c'est de savoir à quel moment ce que nous percevons intellectuellement devient quelque chose de vivant, non seulement dans la pratique de la vie, mais aussi dans la vie spirituelle. Il y a des connaissances qui resteront toujours purement intellectuelles. Ici, c'est autre chose : dire que je « connais » quelqu'un ou quelque chose, c'est affirmer ma capacité à établir une certaine forme de relation avec « l'objet » de ma connaissance et à me sentir concerné par lui. A dire que cela fait partie de ma vie.

Par exemple : lorsque, parlant d'Abraham, Dieu dit : « Je l'ai connu, afin qu'il ordonne à sa postérité le Droit et la Justice[7] » il ne s'agit pas de proclamer que Dieu connaît Abraham mais surtout qu'Il l'aime et Lui est attaché.

C'est pourquoi cette requête « gratifie-nous de *daat* » constitue une grande prière. Elle conditionne toutes nos demandes. A la limite, on pourrait se contenter de demander cela. Car, sans *daat*, à quoi me serviraient l'intelligence et le savoir ?

J.E. — On pourrait peut-être, par commodité, distinguer ici le *savoir* de la *connaissance*, en réservant le mot savoir à la possession d'un certain nombre d'informations objectives, alors que la connaissance, dans le contexte de la prière, serait totalement empreinte de subjectivité. Il y a très longtemps, au cours d'un de nos premiers entretiens, vous aviez établi cette distinction à l'aide d'exemples frappants. Je sais que la terre est ronde, que l'Amérique a été découverte en 1492 et *tutti quanti*, mais ma vie n'en est pas affectée. Mais si je sais que Dieu existe, que la Torah exprime sa volonté, ou que j'aime telle personne, tout change[8] ! Les psychanalystes colportent une vieille plaisanterie : quelle est la différence entre un psychotique et un névrosé ? Le névrosé sait que deux et deux font quatre, mais il est profondément malheureux ; le psychotique croit que deux et deux font cinq, mais il se sent très bien... Somme toute, *daat*, c'est savoir — *connaître* — ce qui est réellement important pour *moi* dans *ma vie*. D'où cette sentence des rabbins : « Tu as acquis le *daat*, que te manque-t-il ? Mais si le *daat* te manque, qu'as-tu acquis ? »

Un moment de grâce

A.S. — En effet. Sans une véritable connaissance, non seulement j'ignore ce dont j'ai vraiment besoin — que demander ? — mais, au-delà, je découvre un autre problème : que faire des dons que j'ai reçus ? C'est une question sérieuse : comment les hommes utilisent-ils toutes ces choses qui leur ont été données ?

J.E. — Autrement dit, la vraie connaissance se situe à la fois en amont de ce que je demande et en aval de ce que je possède.

A.S. — C'est pourquoi, en priant pour que Dieu m'accorde le *daat*, je proclame qu'il me faut tout d'abord les instruments intellectuels adéquats pour formuler ensuite les « vraies » demandes. Je m'engage également à faire bon usage de ce que je vais obtenir. Car les hommes recoivent toutes sortes de choses, mais, souvent, ils les dilapident. Cela revient à dire : avant de commander un repas, j'ai besoin de disposer d'un couteau et d'une cuillère.

J.E. — Ce qui nous frappe, c'est que la demande de *daat* est formulée d'une manière très spécifique. On ne dit pas : « donne-nous le *daat* », mais « *gratifie-nous* du *daat* ». C'est davantage qu'un don : une véritable *grâce* !

A.S. — En effet, il ne s'agit pas d'un don ordinaire, et pour une raison très simple : cela ne s'apprend pas ! On peut enseigner aux hommes les matières ou disciplines les plus diverses, les entraîner à tous les exercices possibles et impossibles. Mais l'acquisition de la vraie connaissance est au-delà des efforts que nous pouvons faire. Il y faut, en effet, un peu de grâce divine.

J.E. — Comme une sorte d'intuition qui viendrait d'ailleurs.

A.S. — C'est tout un monde. Cette bénédiction représente une prière en soi. Il y a bien des hommes qui pourraient s'arrêter après avoir demandé cela... Il est vrai que, par la suite, nous allons adresser à Dieu toutes sortes de requêtes. Mais peut-être que cela ne serait pas nécessaire si nous étions convaincus que le *daat* nous est accordé !

Les voies du retour

Fais-nous revenir, ô notre Père, à ta Torah,
Rapproche-nous, ô notre Roi, de ton service,
et fais-nous revenir d'un retour parfait devant Toi.
Loué sois-Tu Eternel, qui désires le retour.

Cinquième bénédiction

Pardonne-nous, ô notre Père, car nous avons péché ;
Fais-nous remise (de nos fautes)
ô notre Roi, car nous nous sommes révoltés,
car tu es Pardon et Remise (des fautes).
Loué sois-Tu, Eternel, qui es miséricordieux
et abondes de pardon.

Sixième bénédiction

Fais-nous revenir, Eternel, à Toi,
et nous reviendrons.

Lamentations de Jérémie 5,21

Grand est le Retour ;
il parvient jusqu'au trône de gloire.

Talmud

Josy EISENBERG. — Au cours de notre précédent entretien, vous nous avez fait comprendre à quel point il est logique que notre première demande concerne le *daat*. La structure de l'Amida semble bien d'ailleurs obéir à une rigoureuse cohérence interne. Trois bénédictions d'introduction : je me présente et, dans tous les sens du terme, je *m'introduis* auprès de Dieu. Puis trois demandes qui concernent la vie intérieure de l'homme : la connaissance (quatrième bénédiction), le retour à Dieu et le pardon (cinquième et sixième bénédictions). Parlons d'abord de la cinquième.

> *Ramène-nous, ô notre Père, à ta Torah,*
> *et rapproche-nous, ô notre Roi, de ton service,*
> *et fais-nous revenir, d'un retour parfait*
> *devant Toi. Loué sois-Tu, Eternel,*
> *qui désires le retour.*

Précisons tout d'abord que, dans toute votre œuvre, vous avez longuement insisté sur le rôle fondamental que joue dans la pensée juive le concept de retour, en hébreu *techouvah*. Ce mot est souvent mal compris : on le traduit généralement par repentir ou pénitence. C'est le cas des dix jours qui séparent le Nouvel An juif — Roch Hachanah — de Yom Kippour, le jour du Pardon. On parle de « dix jours de pénitence ». Non point que cette idée soit absente dans la Techouvah : bien au contraire. Mais ce terme signifie étymologiquement : retour et réponse. Réponse, cela implique la responsabilité : c'est le même terme ; je *réponds* de mes actes. Mais le sens profond, c'est le retour, qui implique l'éloignement. L'homme est en effet, par nature, ontologiquement, séparé et éloigné de Dieu. De plus, d'une part la vie quotidienne et ses préoccupations, et de l'autre, ses faiblesses et ses défaillances, sont susceptibles de l'éloigner davantage. Il y a donc une nécessité absolue de tenter de revenir, c'est-à-dire, à tout le moins, de renouer la relation et de se rapprocher de Son Créateur. Prendre conscience de cette nécessité, c'est la *grâce* que nous apporte le *daat*. On comprend mieux ainsi l'enchaînement finalement logique des bénédictions : la vraie connaissance doit mener au retour.

Où es-tu ?

Adin STEINSALTZ-EVEN ISRAEL. — Vous parlez de logique interne. Elle n'est pas si évidente que cela. On demande d'abord le retour, un concept complexe mais qui implique également le repentir, puis le pardon. Théoriquement, ce devrait être l'inverse : je devrais d'abord demander le pardon de mes fautes.

En réalité, cette demande de « retour » signifie d'abord que j'acquiesce et que j'adhère intérieurement à ces diverses valeurs. Sinon, quel sens cela aurait-il de parler et de fautes et de pardon ! Il faut que je me sente concerné. Je dois « faire retour » parce que, tant que je suis éloigné, on ne peut pas dire véritablement que je suis un pécheur ! Je trébuche, je tombe, je me roule dans la fange : comment parler de péché ? Par conséquent, je peux commencer à parler de pardon seulement lorsque je comprends cette « matière » et que je suis dans le sujet.

Dans le Midrach, on dit qu'on ne peut réprimander quelqu'un s'il ignore ce qu'il a fait de mal. Je peux répéter dix fois « pardonne-moi » : encore faut-il que j'aie conscience de mes fautes, et que tout cela fasse partie de mon univers ! On raconte qu'un jour un paysan, passant dans les champs du roi, l'a insulté. Les soldats ont voulu lui couper la tête ! Le roi leur a dit : « Laissez ! Si vous faites cela, il ne saura jamais ce qu'il a vraiment fait ! Il faut plutôt l'amener à la ville, l'éduquer puis le faire entrer dans le palais royal : là, il comprendra tout seul ce qu'il a fait ! » C'est exactement le sens de cette demande préalable : « Fais-nous revenir. » C'est, en effet, seulement lorsque j'entre dans le monde de Dieu que le concept de péché prend un sens ; autrement, ce n'est qu'une formule creuse.

J.E. — Ces bénédictions sont empreintes à la fois de pessimisme et d'optimisme. Pessimisme : nous proclamons que nous sommes éloignés. Optimisme : nous affirmons que nous pouvons revenir. On pense à la fameuse formule du prophète :

Paix, paix, à celui qui est loin
et à celui qui est proche[1].

Les rabbins ont interprété : paix à celui qui était loin et qui *s'est rapproché*[2] !

Il est vrai, et c'est important, que nous demandons à Dieu de nous *aider* à revenir, puisque nous disons : « Fais-nous revenir. » C'est une référence à une autre citation biblique.

Fais-nous revenir, Eternel, à Toi,
et nous reviendrons[3]...

Tout comme le *daat*, le retour exige une grâce, une sorte de chiquenaude initiale qui nous mette sur la voie.

Les fruits de la honte

A.S. — C'est aussi le sens du pardon. Quand je suis dans l'obscurité, je n'aperçois pas les taches et la salissure. Je commence à les distinguer lorsque j'approche de la lumière. C'est pourquoi la sixième bénédiction — « pardonne-nous » — constitue tout naturellement une réponse et une réaction à la bénédiction du retour. D'abord, je dois prendre conscience de ce qui m'arrive. Ensuite, je puis demander quelque chose de plus : la « réparation » interne. Non seulement « réparer » mes facultés intellectuelles mais aussi ma vie affective et mes émotions. Il m'arrive alors ce qui est arrivé au premier homme :

J'ai pris peur, parce que j'étais nu
et je me suis caché[4].

Cela revient à dire : « Avant, je ne *savais* rien, je n'avais pas honte, j'ignorais même que l'on pouvait avoir honte ! » Quand je prends conscience de la réalité, je vois où je me trouve !

Dire à Dieu : « fais-nous revenir », c'est exprimer cette perplexité qu'éprouvent tant de gens qui se disent : « Hier, je pensais être quelqu'un de bien, mais maintenant que tous les projecteurs sont braqués sur moi, et que tous me regardent, je ne puis plus me cacher. Me voici en pleine lumière, et là, je sens qu'il se passe des choses. » Donc, tout naturellement, je vais dire : « pardonne-nous ». Avant, j'ignorais que quelque chose n'allait pas ; maintenant, je le sais !

C'est d'ailleurs quelque chose de très banal : les justes et les méchants disent toujours cela...

J.E. — Je ne savais pas ! Sauf que les premiers se sentent responsables, sinon coupables, ce qui n'est pas nécessairement l'esprit dans lequel les méchants disent : « je ne savais pas »...

A.S. — Plus on s'approche, plus tout cela prend de la consistance. Ce qui paraissait insignifiant, vu de loin, devient important. C'est pourquoi la demande de pardon ne prend pas l'allure d'une confession, mais plutôt d'une prise de conscience. C'est ce qui est arrivé à Isaïe, lors de la fameuse vision où il a « vu l'Eternel assis sur un trône élevé ». Il réagit en disant : « Malheur à moi, je vais périr, car je suis un homme aux lèvres impures[5]. » C'est un prophète, un grand homme : mais devant le trône, il se demande : « Qui suis-je donc ? »

J.E. — C'est la démarche inverse d'Adam. Lui se dérobait ; nous nous « découvrons ! » Lui s'en allait : nous, nous cherchons à revenir.

A.S. — Disons que nous cherchons à tout le moins à tirer la leçon de cette expérience ! Aussi bien, ces trois bénédictions — connaissance, retour et pardon — sont-elles extrêmement personnelles. Je les prononce avant de me soucier de tous les besoins personnels ou collectifs de la vie. C'est absolument central. D'un côté, toutes ces bénédictions sont dites au pluriel : « ramène-nous, pardonne-nous » ; nous nous exprimons au nom de la collectivité. Mais ici, c'est l'individu qui parle, même si des millions de personnes disent la même chose. Que l'on soit ou non à la synagogue, seul ou entouré de millions de personnes, l'Amida est d'abord une prière solitaire : le dialogue du JE et du TU. Et dans le premier cycle de l'Amida, c'est d'abord la personnalité de celui qui prie qui s'exprime. Je prie pour celui que je suis, après, je prierai pour autre chose.

Dans le langage de la Cabbale, on dit que la bénédiction de *daat* est placée sous le signe de la sephira *Ho'hmah* et celle du retour sous celui de la sephira *Binah*.

J.E. — Les deux premières formes de tout entendement.

A.S. — Alors que les deux bénédictions suivantes, le pardon et le salut, relèvent pour leur part des deux sephirot suivantes : la grâce et la rigueur.

J.E. — Ce qui est parfaitement logique : le pardon dépend de la grâce, et le salut exige la rigueur — la puissance — de Dieu.

A.S. — Ces deux bénédictions pourraient se résumer en une seule phrase : je voudrais me situer à la place qui convient. A cet effet, je dois faire deux choses. D'abord, me sentir « nu ». Dans la liturgie de Yom Kippour, nous disons : « Je suis comme un objet empli de honte et méprisable. » Ensuite, demander à être sauvé, qui est comme la charnière de toute l'Amida.

On raconte qu'un jour, dans les années trente, un Juif a demandé à prononcer un seul mot à la radio soviétique. On l'y a autorisé. Il a dit *guewalt !* (au secours !). C'est exactement le sens de la bénédiction du salut.

Notre Père, notre Roi

J.E. — Nous y reviendrons. J'aimerais, pour conclure, que nous réfléchissions à l'articulation des six premières bénédictions. On a le sentiment que les trois premières s'adressent à un Dieu totalement transcendant. Elles véhiculent des concepts abstraits. Nous parlons du Dieu d'Abraham ; nous n'y étions pas lorsque Dieu a parlé à Abraham. Puis de la résurrection des morts ; nous n'y sommes pas davantage, pour l'instant en tout cas. Enfin, nous avons proclamé la triple sainteté de Dieu : il est autre, différent, incomparable, inconnaissable. Dans le livre que vous avez consacré à la prière[6] vous avez établi une intéressante relation entre l'Amida et la révélation du Sinaï. Là, on nous dit que la montagne était « obscurité, nuée et brume ». Les trois premières bénédictions — celles de la transcendance — correspondent à ces trois termes : il faut traverser l'obscurité, la nuée et la brume pour s'approcher de Dieu.

En revanche, avec les trois suivantes, Dieu devient plus proche et personnel.

A.S. — Bien entendu ! L'élément personnel se manifeste spectaculairement dans le fait que chacune comporte le mot TU : « Tu nous gratifies ; Loué sois-Tu... » C'est comme une mélopée : Toi, Toi, Toi ! C'est aussi ce qui différencie les trois premières des trois suivantes. On passe d'un protocole quasi impersonnel à une relation intime. On ne s'adresse pas à Dieu à la troisième personne, on ne dit pas Mon Seigneur ou Votre Honneur ! C'est la différence qu'établissent les commentateurs entre deux formules que l'on trouve dans les Psaumes :

Prière de Moïse : elle s'adresse au Dieu transcendant.

Prière du pauvre : elle s'adresse au Dieu personnel[7].

C'est la même dichotomie qui se retrouve dans la prière du Nouvel An où chaque verset commence par : « Notre Père, notre Roi. »

J.E. — Et que l'on retrouve également ici : ramène-nous, *notre Père* ; rapproche-nous, *notre Roi*, pardonne-nous, *notre Père* ; fais-nous remise, *notre Roi*. Sans cesse, nous nous situons dans cette double dimension : celle du sujet et celle de l'enfant, et sans cesse nous passons de l'une à l'autre.

A.S. — Nous avons dit que prier, c'est entrer à la cour du Roi. J'observe un certain protocole ; je me prosterne, je me présente. Je suis entouré d'une ribambelle d'Anges et de Séraphins. Comme dit dans le Cantique des Cantiques : « Le Roi m'a fait entrer dans ses chambres [8]. » Maintenant c'est comme si le Roi disait : « que tout le monde sorte » et je peux m'épancher devant Lui et vider mon cœur. En fait, toute l'Amida va consister à passer du Roi au Père. Au début, je suis comme un prince, je me prosterne ; quand nous somme seuls, je dis : « Papa ! »

J.E. — C'est une relation d'amour qui s'exprime parfaitement dans la conclusion de la cinquième bénédiction, son « sceau » dans le langage rabbinique : « Loué Sois-Tu Eternel, qui désires le Retour. » Ce mot — désires — est extrêmement important : il signifie étymologiquement la volonté, mais souvent avec une connotation de plaisir et d'agrément. Il ne s'agit en effet généralement pas de respecter simplement la volonté divine, d'être un sujet obéissant, mais de « faire plaisir à Dieu » ! La tradition juive n'hésite jamais à recourir à cet anthropomorphisme. Certes, Dieu est parfait, donc, théoriquement, sans manque et sans désir. Sauf sur un point : l'homme étant libre, il peut s'affranchir ou s'éloigner de Dieu, et Dieu « désire » son retour.

Car je ne désire pas la mort du pécheur,
mais qu'il revienne, et vive [9].

En d'autres termes, c'est précisément le fait que l'homme ait créé une distance avec son créateur qui suscite le « désir » de Dieu. Cet éloignement aurait pu provoquer un phénomène de rejet ; c'est tout le contraire qui se produit. Nous n'avons pas

à rougir d'avoir à « revenir » : c'est précisément cela que Dieu
« désire ». Somme toute, c'est une donnée première de l'existence ; par nature, elle génère la distance, donc le retour. C'est
sans doute ce que les rabbins ont voulu dire en affirmant que
Dieu a créé la Techouvah avant même d'avoir créé le monde !
On pourrait dire : l'homme est souvent en manque de Dieu,
mais l'homme est aussi, quelquefois, le manque de Dieu !

TROISIÈME PARTIE

ET MOI, DANS TOUT CELA !

Sauve qui peut

Vois notre misère, défends notre cause
et sauve-nous rapidement
pour l'honneur de Ton Nom,
car Tu es un puissant Sauveur.
Loué Sois-Tu, Eternel,
Sauveur d'Israël.

Septième bénédiction

J'ai vu la misère de mon peuple...

Exode 3,7

Vois ma misère et délivre-moi.

Psaumes 119,153

Combats mon combat et sauve-moi.

Psaumes 119,154

Penche ton oreille vers moi, vite,
et sauve-moi.

Psaumes 31,3

Josy EISENBERG. — On pourrait comparer l'Amida à une symphonie où se succèdent *andante, allegro* et final. Le rythme en est parfait : trois bénédictions par mouvement. Après un préambule dédié à la puissance de Dieu, puis un second temps de quête de spiritualité et de pureté, nous abordons le vif du sujet de l'Amida avec un troisième mouvement. Les septième, huitième et neuvième bénédictions sont autant de requêtes essentiellement personnelles. Elles concernent les besoins les plus élémentaires de la vie quotidienne : la liberté, la prospérité et la santé. Aux demandes d'ordre spirituel, dont vous avez montré qu'elles sont, finalement, aussi élémentaires que les demandes d'ordre matériel, succèdent maintenant ces dernières ; il faut d'ailleurs reconnaître, nonobstant l'ordre des bénédictions dans l'Amida, que les hommes sont généralement plus obsédés par le pain quotidien ou la santé que par l'obtention du pardon... Mais là n'est pas l'essentiel : au cœur de l'Amida, seul temps fort de la prière quotidienne où l'homme s'adresse à Dieu en solliciteur, il fallait bien que s'exprime le désir, bien légitime, d'obtenir la satisfaction des besoins qui constituent la trame de toute existence.

La première demande ne concerne cependant pas les besoins matériels proprement dits, mais parle de la délivrance et du salut. Il faudrait préciser ces termes, puisqu'il apparaît clairement qu'ici ils ne désignent pas l'antique attente juive de la rédemption nationale ; ce sera le thème d'une autre bénédiction, la dixième de l'Amida[1].

Adin STEINSALTZ-EVEN ISRAEL. — Avant de tenter de définir
de quel salut il s'agit ici, il faut dire qu'on peut être surpris par
l'ordre de ces diverses demandes personnelles. Comme vous
l'avez observé, nous donnons en général la priorité aux besoins
les plus personnels, en tout cas ceux qui nous paraissent les
plus importants. Selon la formule talmudique, trois choses
nous tiennent particulièrement à cœur : « Les enfants, la vie et
la subsistance. »

J.E. — Il s'agit d'une formule célèbre, où l'on dit précisément : « *Les enfants* (leur nombre) *la vie* (sa durée) et *la subsistance* (sa quantité) *ne dépendent pas du mérite, mais de la
chance*[2] ! » On s'attendrait donc à ce que l'on implorât Dieu
pour obtenir ces dons, puisque nos plus grands mérites ne nous
permettent pas de les acquérir.

A.S. — Il serait tout à fait naturel de s'adresser à Dieu pour
Lui dire : « Maintenant que Tu m'as pardonné mes fautes et
que je tente de revenir à Toi, voici ce que je Te demande. »
Si l'on se réfère aux Psaumes, notre première requête devrait
concerner la guérison de nos maladies et la santé. Il est écrit :
« Il pardonne toutes tes fautes, il guérit tous tes maux[3]. » Pourtant, c'est bien par la demande de salut que l'on commence, et
il s'agit là d'une formulation très ancienne.

Le Talmud donne à cette priorité une explication que l'on
pourrait qualifier de technique : il fallait que la septième bénédiction soit celle du salut, parce qu'il est lié au nombre sept,
qui a toujours eu dans le Judaïsme une valeur privilégiée : c'est
un nombre sacré.

La septième année

J.E. — Ce nombre nous informe en effet des multiples
aspects de la foi juive, depuis le chabbat — septième jour —
jusqu'au chandelier à sept branches du Temple en passant par
les sept ancêtres d'Israël : les trois Patriarches et les quatre
Matriarches. Ici, cependant, vous vous référez à la signification

eschatologique de ce nombre. D'une part, l'histoire est censée durer six millénaires, et le Messie arrivera — au plus tard — au début du septième, soit, si je calcule bien, en l'an 2240[4]... Nous reviendrons d'ailleurs sur ce thème[5]. De plus, le Talmud apporte quelques précisions sur l'avènement messianique. Il parle de la semaine d'années qui précède la venue du fils de David et conclut : « ... et la septième année, le fils de David arrivera[6] ».

En plaçant la bénédiction du salut en septième position dans l'Amida, les rabbins ont, par conséquent, souhaité lui donner un sens un peu particulier : celui de la délivrance ultime et générale. C'est pour le moins surprenant : cette délivrance — de l'Exil pour Israël, du Mal pour l'humanité — c'est plus tard, dans l'Amida, que l'on priera pour elle. Ici, apparemment, il s'agit du quotidien, et de nous délivrer de nos misères *hic et nunc*. N'est-ce point un peu contradictoire ?

A.S. — Vous avez d'autant plus raison que cette prière est bien antérieure à l'Exil. Elle a été composée alors qu'existaient encore le Temple de Jérusalem et un Etat juif. Il s'agit donc bien d'eschatologie, dans sa dimension la plus fondamentale, qui n'est pas nécessairement liée aux tribulations d'Israël. Sans doute cette dimension collective ne peut-elle jamais être totalement oblitérée, même lorsqu'on prie pour son propre salut. Car c'est bien de cela qu'il est question dans cette bénédiction. On peut d'ailleurs parfaitement comprendre le lien qui unit tout salut personnel au salut collectif. Tout être humain essaie de résoudre ses problèmes personnels, et cite dans l'Amida ceux auxquels il est confronté. L'idéal, cependant, ce serait d'arriver à régler tous les problèmes à la *source,* dans leur racine suprême ! Alors, tout serait changé, et le monde deviendrait différent. C'est pourquoi, plutôt qu'eschatologique, cette demande de salut est d'ordre métaphysique. Elle consiste à dire : « Le monde est, par nature, source de problèmes : Maître du Monde, peut-être que Tu pourrais les *résoudre globalement* plutôt qu'un à un ? »

J.E. — Guérir le Mal à sa racine, nous « délivrer du Mal », retrouver une harmonie fondamentale perdue, guérir non point les symptômes mais éradiquer les causes, comment ne pas en rêver ? Ainsi s'explique mieux la connexion entre nos petites et quelquefois grandes misères personnelles et les innombrables maux dont souffre l'humanité entière. Au demeurant, il existe une très belle idée dans la tradition juive : si l'on souffre de quelque chose, et qu'autrui soit dans le même cas, on sera exaucé si *l'on prie d'abord pour les autres*[7] ! Cet enseignement est tiré d'un épisode de la vie d'Abraham. Le roi Abiméle'h avait enlevé Sarah ; Dieu le sanctionna en rendant stériles toutes les femmes de son peuple. Abiméle'h restitua Sarah au Patriarche, qui pria pour que la sanction soit levée. Immédiatement après, Sarah, jusqu'alors stérile, fut enceinte : C.Q.F.D[8].

Je voudrais également revenir sur le rapport entre la sixième bénédiction — le pardon — et la septième : le salut.

Outre le commentaire talmudique, qui justifie cet enchaînement par le nombre sept et sa connotation de délivrance, on trouve une intéressante explication dans une grande œuvre philosophique du Moyen Age : le livre du Kouzari. L'auteur, Juda Halévi, y explique que, sans pardon, point de salut.

A.S. — C'est un enchaînement parfaitement logique : de la conscience au retour, du retour au pardon, du pardon au salut. On peut aller plus loin : le salut est comme la réponse manifeste à la demande de pardon. Il est le témoignage de ce que Dieu a pardonné.

La vie en procès

J.E. — En demandant à Dieu de « voir notre misère », nous pensons certainement à la multitude de misères en tout genre qui peuvent nous affecter : souffrances physiques, souffrances morales, mal de vivre. Peut-être aussi au désespoir qui s'empare de l'homme qui cherche, sans le trouver, le sens de l'existence. On pense à Pascal : « Misère de l'homme sans Dieu. » Avec en point d'orgue, à travers le terme de délivrance, l'aspiration à la liberté. Nous avions promis de tenter de définir ce terme : en hébreu, *gueoula*. C'est un concept que l'on trouve fréquemment dans la Bible. Il y signifie très précisément le *rachat* de ceux qui subissent l'esclavage ou l'aliénation. Il concerne notamment le rachat, par les parents du propriétaire initial, d'une terre vendue par nécessité. Plus largement, il implique la responsabilité des membres de la famille de rédimer celui des leurs qui est en difficulté et pourrait se trouver marginalisé ou aliéné [9]. C'est le fondement de deux lois très particulières : celle qui contraint un membre de la famille à racheter la terre d'un parent en difficulté et celle qui recommande d'épouser la veuve d'un parent décédé sans enfants. L'histoire de Ruth, où le terme de *goel* (sauveur) apparaît à de multiples reprises, en est la parfaite illustration : Boaz sera son « Sauveur » en épousant Ruth. Dans un registre moins souriant, l'homme qui pourrait exercer une vendetta — ce que la Bible cherche à éviter — pour venger la mort d'un proche est appelé *Goel Hadam :* le « sauveur du sang [10] ». Par la suite, bien entendu, ce terme s'appliquera fréquemment à Dieu « roi d'Israël et son sauveur [11] ». L'usage de ce terme pourrait d'ailleurs suggérer que Dieu « rachète » Israël, aliéné par la perte de sa terre et par sa situation d'étranger dans le monde, parce que Israël est sa famille ! N'a-t-il pas dit : « Je n'ai connu — aimé — que vous parmi toutes les *familles* de la terre [12] ? »

Intéressons-nous maintenant au second terme utilisé dans le préambule de cette bénédiction, que l'on peut traduire de deux manières : « combats notre combat » ou « défends notre cause ». C'est à la fois un langage militaire et une formule juridique. La vie est un combat — le fameux *struggle for life* des Américains — et nous sommes en procès.

A.S. — Cette expression signifie en effet prendre parti pour quelqu'un, être à ses côtés. C'est moins spectaculaire que de dire : « combats pour nous », formule que l'on retrouve quelquefois dans la Bible, notamment lors de la traversée de la mer Rouge : « Car l'Eternel combat pour eux contre l'Egypte [13]. » Prendre parti pour les humbles, c'est une des vertus constamment attribuées à Dieu dans les Ecritures : Dieu défenseur de la veuve et de l'orphelin. « Délivre-nous de toutes les violences, y compris les violences légales, que nous pouvons subir. »

On peut également donner une interprétation psychologique de ce « combat » : nous menons aussi toute notre vie un combat avec nous-mêmes. Aide-moi à être du « bon côté » de moi-même ! C'est l'autre aspect du « salut ».

Pauvre de nous

J.E. — Il faut peut-être préciser que, lorsque nous demandons à Dieu de *prendre parti*, cela ne signifie pas que nous lui attribuions une attitude partisane. Il ne faut jamais oublier que si le sens premier du mot *riv* est querelle, dispute, c'est l'acception juridique de ce terme qui est la plus fréquente. Il s'agit de prendre fait et cause pour celui qui est dans son droit. Le contraire peut être également vrai. C'est ainsi qu'à plusieurs reprises, on voit Dieu dire qu'il a une « querelle avec son peuple [14] ». Mais il s'agit toujours d'argumenter. Nous sommes dans un système de droit. Et si l'on parle de « misère », c'est que les divers droits de l'homme sont bafoués. Dieu est juge avant d'être justicier.

Cependant, le mot que nous traduisions par misère, et qui a également le sens d'oppression, signifie tout d'abord *pauvre*. Il exprime ici à la fois l'humiliation et l'humilité. Il y a là un paradoxe apparent. D'une part, nous plaidons que nous sommes dans notre droit et, à ce titre, sollicitons l'intervention divine. De l'autre, nous nous proclamons, selon la formule citée précédemment, « pauvres en (*bonnes*) actions ». Quelle que soit notre situation, nous nous proclamons pauvres : disons, misérables.

A.S. — D'une certaine manière, toute prière est acte d'humilité. L'archétype en est le verset des Psaumes :

Prière du pauvre qui défaille,
et déverse ses mots devant l'Eternel [15].

La prière du pauvre est un élément de la demande de salut, parce qu'elle ne se fonde pas sur le *mérite*. Quelquefois, quand on sollicite la faveur d'un homme, le quémandeur cherche à le convaincre qu'il est un homme important ! Ici, c'est le contraire. Parce que, lorsque je me présente comme pauvre, et raconte mes misères, comment pourrait-on dire non à une créature souffrante ?

J.E. — Comme la plupart des textes de l'Amida, cette bénédiction est en fait une compilation de citations bibliques. Ici, c'est particulièrement frappant, si l'on compare le début de la septième bénédiction « vois notre misère... et sauve-nous » au texte des Psaumes : « Vois ma misère et sauve-moi [16]. »

Mais il est clair que la référence fondamentale, c'est ce que Dieu a dit à Moïse : « J'ai vu la misère de mon peuple en Egypte [17]. »

Il y a là comme un effet de miroir. Puisque Dieu a dit : « J'ai vu », on peut l'interpeller en disant : « Vois... » C'est comme si toute vie était oppression, à l'image de l'esclavage en Egypte !

A.S. — C'est la signification profonde que, depuis toujours, les commentateurs ont donné de l'exil d'Egypte. Au-delà d'un événement historique relatif au destin d'Israël, ils y ont vu une structure générale et universelle : l'expression de l'imperfection du monde et de la souffrance de l'humanité. Le salut est censé y porter remède. Je le répète : il s'agit moins ici de la souffrance du peuple que de l'homme qui souffre, quel qu'il soit, et qui dit à Dieu : « De grâce, résous mes problèmes ! »

Il y a là un désir profond d'harmonie et de paix. Et l'on revient au nombre sept : il renvoie au chabbat, qui, fondamentalement, est un temps de délivrance. Toute la semaine, je peine, je me bats ; mais après, il faut bien que vienne le temps du repos et de la quiétude. Le chabbat est salvateur. Selon la tradition, il est comme un écho du monde où nous serons libérés de toutes les vicissitudes : le monde futur est appelé : « Un jour — un temps — qui sera tout entier chabbat. »

J.E. — A ce propos, il est remarquable que dans l'Amida de chabbat, qui ne comporte que sept bénédictions[18], nous omettions tout ce qui pourrait évoquer misères et frustrations. Nous ne formulons aucune demande ! Nous nous situons dans un monde où tout serait parfait, et où rien ne nous manque !

A.S. — Parce que le chabbat est le paradigme du monde futur qui, par essence, est parfait.

Faire flèche de toute prière

J.E. — Toute prière repose sur un postulat : elle peut faire bouger les choses, elle est efficace. Or il existe dans la Bible un texte problématique. Jacob dit à Joseph : « Je te donne la ville de Sichem, que j'ai prise à l'Emorite avec mon épée et mon arc[19]. » C'est une allusion à un épisode sanglant de l'histoire des fils de Jacob : le viol de leur sœur Dina et le saccage de la ville. Or Jacob n'y a point participé ; il a d'ailleurs sévèrement condamné le comportement de ses fils. De plus, Jacob n'est pas un guerrier. Que signifient donc cette épée et cet arc ? Les rabbins y ont vu une métaphore et suggéré qu'il fallait comprendre : « J'ai pris Sichem avec *mes prières*[20]. » L'épée et l'arc désigneraient ici deux modalités différentes de la prière : la prière collective et la prière individuelle. Quand on prie avec la communauté, la prière de chacun, se fondant dans celle du groupe, n'a pas besoin d'être extrêmement précise : c'est « la prière de l'épée », un instrument avec lequel on fait des moulinets. Cette arme est moins précise que le tir à l'arc où l'on doit viser juste : l'arc figure ici la prière individuelle, où l'on doit savoir « cibler » précisément ses désirs et ses attentes. C'est un peu ce qui différencie une requête personnelle d'une pétition.

A.S. — Il existe également une autre différence entre la prière placée sous le signe du glaive et celle figurée par l'arc. L'épée sert au combat de près, l'arc au combat de loin. C'est ce qui distingue celui qui prie seul de celui qui prie à la synagogue. La prière est rencontre ; mais, à la synagogue, je ne suis pas seul pour vivre cette rencontre. Tout se passe comme si Dieu « se rendait » à la synagogue à l'heure de la prière ; et là, Il est extrêmement proche. En revanche, lorsque je prie seul, en dehors de la communauté, je suis loin de Dieu, et c'est comme si Dieu aussi était, si l'on peut dire, lointain. Donc, je dois « viser » loin : ma prière est une flèche.

J.E. — Cette distinction nous rappelle un important aspect de la prière juive : la nécessité de « diriger » nos pensées pour qu'elles atteignent le « but » souhaité. On appelle cela *kavana*. Ce mot est souvent traduit par ferveur, mais il désigne étymologiquement l'acte qui consiste à imprimer la bonne direction à ce que nous faisons. Il ne s'agit pas de prier mécaniquement en pensant à autre chose ! Ce concept de *kavana* jouera d'ailleurs un rôle majeur dans la pensée cabbalistique : avant toute prière ou bénédiction, avant d'accomplir un quelconque commandement, les cabbalistes nous invitent à connaître *précisément* le « lieu » dans la vie de la divinité que nous cherchons à atteindre. Il s'agit généralement de telle ou telle sephira. D'ailleurs, dans certaines éditions du livre de prières, ces *kavanot* sont généralement indiquées ponctuellement.

En fait, le terme de salut peut concerner des situations extrêmement diverses : il peut s'agir aussi bien de diverses détresses individuelles, y compris, nous venons de le voir, une situation de totale aliénation où le salut signifie liberté retrouvée ; il peut s'agir également de la délivrance collective d'Israël, aliéné par l'Exil. Les deux termes qui désignent ces deux formes de salut — respectivement *yechouah* et *gueoula* — figurent dans la septième bénédiction. Avec la huitième, c'est, somme toute, apparemment en tout cas, d'une autre forme de salut qu'il s'agit : nous allons demander à Dieu de nous sauver de la maladie.

Dieu de guérison

Guéris-nous, Eternel notre Dieu,
et nous serons guéris ;
sauve-nous, et nous serons sauvés,
car tu es notre louange.
Veuille susciter la guérison
pleine et entière de tous nos maux,
car Tu es un Dieu, Roi, médecin fiable
et miséricordieux.
Loué sois-tu, Eternel,
qui guéris les malades de son peuple, Israel.

Huitième bénédiction

Il pardonne toutes tes fautes.
Il guérit tous tes maux,
Il sauve ta vie de la fosse.

Psaumes 103,3-4

Josy EISENBERG. — Jusqu'à présent, et après un préambule laudatif, nous n'avons, finalement, fait qu'énumérer toutes sortes de misères ou de manques. En demandant la conscience, nous reconnaissons nos inconsciences, et peut-être également notre inconscient et, demandant le pardon, nous confessons que nous sommes pécheurs. En priant pour le salut, nous proclamons notre aliénation. En point d'orgue de ces manques, il y a bien entendu la santé. Elle figure en bon rang dans les préoccupations de la plupart des hommes si l'on en juge notamment par l'importance qu'ils attribuent aux structures de la Sécurité sociale. Il est donc tout naturel que nous demandions à Dieu de nous guérir. C'est l'objet de la huitième bénédiction.

Une première observation s'impose : la formulation de cette bénédiction n'est pas originale. Sa première partie reprend mot pour mot — en remplaçant simplement le singulier par le pluriel — une supplique du prophète Jérémie.

Guéris-moi, et je serai guéri ;
sauve-moi, et je serai sauvé,
car tu es ma louange[1].

Il est vrai que Jérémie se sentait accablé par le destin et qu'il se proclame malade à plusieurs reprises.

Adin STEINSALTZ-EVEN ISRAEL. — Jérémie parle à la fois de guérison et de salut ; voilà qui justifierait la place que cette bénédiction occupe dans l'Amida. Cette place a néanmoins intrigué les rabbins : est-il vraiment logique de parler d'un problème particulier — la guérison — avant d'évoquer, comme ce sera le cas dans la bénédiction suivante, les problèmes les plus universels de l'existence ?

J.E. — Le pain quotidien...

A.S. — En règle générale, la maladie et la guérison ne constituent pas le souci premier et permanent des hommes. Il en est d'autres et, hélas, nombreux ! Si l'on a placé, contrairement à toute logique, la bénédiction de la guérison avant celle du pain quotidien, c'est pour une raison très particulière. Quand donc les gens vont-ils prier ?

J.E. — Vous parlez des gens qui ne prient pas régulièrement ?

A.S. — Bien entendu ! On observe cela dans toutes les synagogues et tous les lieux de culte : les gens viennent prier quand ils sont sous pression ! Bien plus : quand donc les prières sortent-elles du cadre de leur formulation habituelle ? Quand donc ajoute-t-on des prières spéciales ? Tout d'abord, en cas de maladie. Certes, venir dire à Dieu « guéris-moi et je serai guéri », ce n'est pas vraiment l'expression de la plus haute des spiritualités ! Mais quand je tombe malade, ou qu'un de mes proches est frappé par la maladie, cela devient mon principal souci et m'absorbe entièrement !

J.E. — Vous avez l'air de dire que ce n'est peut-être pas la chose la plus importante, mais on peut aussi penser exactement le contraire. Dans tous les pays du monde, il existe des formules du style « l'essentiel, c'est la santé ! ». En Israël, on dit couramment : « Pourvu que nous soyons bien portants ! » Mieux : très souvent, une conversation ne s'achève pas par *Chalom* (au revoir) mais par le souhait *Tihié Bari* (porte-toi bien). Cette formule est d'ailleurs également en usage en France. C'est dire l'importance de la santé. On peut donc parfaitement concevoir que l'on prie pour la guérison avant même de prier pour la subsistance. A quoi cela me servirait-il d'avoir de quoi manger si je n'ai pas d'appétit ou si je ne puis rien absorber ?

A.S. — Certes, mais il faut dire, d'une part, que l'ordre des bénédictions de l'Amida n'obéit pas à une pure rationalité ; il est davantage inspiré par l'affectivité et les émotions. D'autre part, et c'est sans doute l'aspect le plus important, les rabbins ont quelque peu nuancé le sens qu'il faut donner ici au concept de guérison. Il ne s'agit pas à proprement parler de guérir d'une maladie particulière, mais de « la guérison du salut ! ». De guérir *par* le salut.

J.E. — D'où le rapport avec la bénédiction précédente, et l'adjonction permanente du terme de salut à celui de guérison.

Guéris-nous, et nous serons guéris ;
Sauve-nous, et nous serons sauvés.

A.S. — Que vienne d'abord le salut, et nous serons guéris de tous nos maux passés ! Ces deux bénédictions — le salut et la guérison — constituent ensemble ce que j'appellerais « la structure de la Réparation ». D'ailleurs, quand Jérémie demande à être guéri, il ne s'agit pas de la prière d'un homme malade ! On n'a pas besoin d'être malade pour souhaiter être bien portant. Ici, il faudrait parler de prière pour la santé, dans tous les sens du terme, plutôt que de prière pour la guérison : c'est une prière « réparatrice ».

Une création en bonne santé

J.E. — C'est le fameux concept du *tikkoun* : réparer les « pots cassés » de la vie ; la Cabbale dira « les vases brisés du monde ». C'est en outre le sens profond que la mystique juive attribue à la vocation humaine : retrouver les diverses unités perdues ; unifier les hommes divisés par les préjugés et les sectarismes ; unir le monde à Dieu. Faire d'un monde séparé un monde réparé.

A.S. — Guérir le monde : c'est le véritable sens de cette bénédiction. Ainsi s'explique la place qui lui a été assignée : la guérison, c'est le signe de l'accomplissement du salut : le monde recouvre la santé.

J.E. — Ce qui me frappe, c'est qu'en hébreu le mot santé — *beriout* — est extrêmement proche du mot création : *beria*. En principe, le monde créé par Dieu devrait être parfait. Or on y constate de multiples dysfonctionnements ; la maladie n'est pas le moindre d'entre eux ! Est-ce qu'il ne faut pas comprendre que retrouver la santé, qu'il s'agisse de l'homme, de l'humanité ou de l'univers, c'est revenir à l'état originel du monde ?

A.S. — C'est tout à fait cela. L'idée générale, c'est que le monde *créé* doit être *sain*. Toute maladie constitue par conséquent un accident au sein de la création : une déviation de l'ordre naturel des choses. C'est, par exemple, ce qui explique le concept d'impureté tel que le conçoit le Judaïsme : il est toujours lié soit à la maladie, soit à la mort. Ce qui est sain est toujours pur. On postule que la maladie altère l'essence du monde et y introduit une sorte de tare.

J.E. — Comme un virus...

A.S. — Et par conséquent, recouvrer la « santé », c'est revenir à une situation conforme à l'état premier et idéal et retrouver l'harmonie originelle.

Le roi des médecins

J.E. — A cet effet, nous demandons l'aide divine. Dieu est présenté ici comme un grand guérisseur. On dit précisément

« car Tu es Dieu, Roi, médecin fidèle et compatissant » : le roi des médecins, en quelque sorte. On a recours à deux adjectifs qui méritent un commentaire. D'une part, Dieu est un médecin fidèle. La bonne traduction serait : médecin *fiable*. Le terme de fidèle — *néeman* — exprime un des concepts fondamentaux du Judaïsme : Dieu tient ses promesses, on peut lui faire confiance. Nous avons déjà rencontré cette affirmation dans la seconde bénédiction : « Tu es fidèle — fiable — pour ressusciter les morts. » Le second qualificatif désigne la compassion de Dieu : médecin compatissant. Le terme *Ra'hman*, qui signifie également *aimant*, est, au demeurant, commun au Judaïsme et à l'Islam, qui utilise exactement le même mot dans sa profession de foi. Or certains commentateurs se sont posé la question : un médecin doit-il — peut-il — être vraiment compatissant ? Soigner et opérer exige fréquemment d'infliger des douleurs au malade, sans parler d'une sorte d'insensibilité sans laquelle il est sans doute difficile à un médecin d'exercer son art. Même si les implications de cette bénédiction, nous venons de le voir, dépassent le cadre de la simple guérison, les qualités attribuées au « roi des médecins » nous amènent à réfléchir à la nature de la fonction médicale.

A.S. — Il existe bien une contradiction entre la « fidélité », disons, le devoir du médecin, et la compassion. Les médecins le savent bien. D'un côté, le médecin se doit de combattre la maladie, fût-ce énergiquement ; de l'autre, il doit faire preuve de compassion à l'égard du malade. Ces deux exigences ne sont pas aisément conciliables.

J.E. — On peut observer que ces deux attitudes expriment dialectiquement les deux grandes vertus qui constituent, dans le Talmud comme dans la Cabbale, les fondements de la théologie, de l'éthique et de la psychologie, la *Rigueur* et l'*Amour*. Qu'il s'agisse, par exemple, de l'éducation des enfants ou de rendre justice, les hommes ont généralement du mal à concilier ces deux exigences. En revanche, nous pensons que Dieu peut le faire et être un médecin à la fois « fiable et compatissant ».

A.S. — Il faudrait même traduire : « *Tu es le seul* à pouvoir être l'un et l'autre ! » Il nous faut en effet revenir à la distinction que nous avons établie entre la guérison et la santé. Le médecin n'a pas vraiment les moyens de donner la santé ! Il combat la maladie ; la santé, c'est l'affaire de Dieu. Tout bon médecin reconnaît qu'il peut tout au plus arrêter la maladie, mais non conférer la santé. Donc, lorsque nous disons : « guéris-nous », c'est en réalité pour la santé, et non pour la guérison, que nous prions.

A votre santé

J.E. — Lorsqu'on va voir un malade, on lui souhaite une « guérison totale et parfaite » ; c'est également l'expression utilisée dans la prière spéciale pour les malades que l'on fait à la synagogue en montant à la Torah. On entend par là que seule la guérison accordée par Dieu — la santé — peut être pleine et entière ; la thérapeutique des hommes ne guérit que partiellement. De plus, elle suscite quelquefois des effets secondaires et même de nouvelles maladies !

Il me semble que l'on peut difficilement commenter cette bénédiction sans évoquer le problème général de la place de la médecine dans la pensée juive. Certains commentateurs n'hésitent pas à dire que la seule médication authentique, c'est la prière. Il existe un précédent fameux dans la Bible. C'est le reproche adressé au roi Assa, dont le nom, bizarrement, signifie santé !

Mais aussi, quand il tomba malade,
il ne consulta point l'Eternel,
mais seulement les médecins[2].

On trouve par ailleurs dans le Talmud une formule terrible : « le meilleur des médecins mérite l'enfer[3] ». Pour atténuer la portée de ce jugement surprenant, certains commentateurs en ont proposé une interprétation plutôt plaisante. Le mot « meilleur » *(tov)* a une valeur numérique de dix-sept. L'Amida comporte dix-huit bénédictions. Il y a, disent-ils, des médecins qui aimeraient supprimer la bénédiction de la guérison pour ramener l'Amida à dix-sept bénédictions... Comme s'ils refusaient que Dieu leur fasse concurrence. Seuls ces médecins-là seraient voués à l'enfer ! Mais est-ce bien là le sens véritable de cette formule ?

A.S. — Il faut interpréter prudemment un dicton qui risque d'offenser les médecins. J'adhérerais plus volontiers à une autre lecture : le « meilleur des médecins » peut se lire « celui qui est *bon* parmi les médecins ». Autrement dit : la condamnation viserait un médecin par trop compatissant. Car le devoir du médecin, c'est de traiter la maladie en priorité, avant de se préoccuper du confort du malade.

La médecine a toujours préoccupé les Juifs. Ils entretiennent avec elle d'étroites relations qui remontent à la plus haute Antiquité. Au Moyen Age, quelques-uns des plus illustres rabbins étaient également médecins. Mais ce n'était pas pour faire carrière. Il s'agissait d'un choix.

Questions d'éthique

J.E. — Il me semble que ce choix était dicté par deux grands types de motivations. D'une part, la réponse à de nombreuses questions ayant des incidences religieuses exigeait de solides connaissances en matière d'anatomie, de physiologie et de pathologie animale et humaine : le Talmud fourmille d'opinions et de discussions sur ces diverses disciplines. D'autre part, la pratique de la médecine posait toutes sortes de problèmes éthiques.

A.S. — Et ces questions ont fait l'objet de multiples réflexions. Très tôt, on a commencé à réfléchir à une problématique fondamentale : le médecin a-t-il seulement le *droit* de guérir ? N'est-ce point là interférer avec la volonté divine ? Après tout, si Dieu a décidé qu'un homme serait malade, que sa volonté s'accomplisse ! Et si je veux y porter remède, je n'ai qu'à m'adresser à celui que l'on qualifie de « guérisseur de toute chair [4] ».

J.E. — Certes, mais la Bible dit expressément, en parlant de la responsabilité d'un homme qui a blessé son prochain, « et il devra le guérir [5] » : en clair, payer les soins. Donc, soigner est légitime.

A.S. — L'attitude classique de la pensée juive, c'est que le travail du médecin peut être comparé à celui de l'agriculteur. Ce dernier ne laisse pas la terre en friche en disant : « Dieu veut que poussent les ronces. » Je laboure et je sème ; j'ai le droit et surtout le devoir de le faire. Il en va de même pour le médecin, sauf qu'ici c'est du corps humain et non de la glèbe qu'il s'occupe. Si l'on devait définir sa fonction en une phrase, on dirait : le médecin n'agit pas *contre* Dieu, mais *avec* Lui, à l'instar de l'agriculteur ou du savant. Ils ne luttent pas contre la nature, mais avec elle et avec le Créateur.

Le vrai problème du médecin se situe ailleurs. Comment maîtriser une situation où l'on dispose d'un pouvoir excessif et où l'on peut éprouver le sentiment de dominer la réalité ? C'est sans doute ce qui a conduit les rabbins à promettre l'enfer aux médecins.

Le médecin dispose d'un pouvoir de vie et de mort sur autrui, mais il doit aussi ne pas se sentir différent des autres. C'est une question très personnelle, à laquelle chaque médecin est confronté.

Une dernière question se pose. Les rabbins sont tombés d'accord sur un point essentiel : non seulement le médecin a le droit de sauver, mais il en a surtout le devoir. Et là, le Talmud pose la question : le médecin a-t-il le droit d'être rémunéré, lui qui accomplit la plus sacrée des obligations : sauver des vies humaines ? Question bien entendu complexe. Les médecins n'apprécient guère qu'on la leur pose. Il n'en reste pas moins que leur tâche s'inscrit dans le contexte général du *tikkoun* : l'homme a le droit et le devoir de « réparer » le monde.

Temps béni

Bénis pour nous, Eternel notre Dieu,
cette année-ci, et ses diverses productions
afin qu'elles soient bonnes.
Accorde ta bénédiction à la surface de la terre,
rassasie-nous de ses bienfaits,
et bénis notre année comme les bonnes années.
Loué-Sois-Tu, Eternel, qui bénis les années.

Neuvième bénédiction

C'est une terre que l'Eternel ton Dieu recherche.
Sans cesse, Ses yeux sont sur elle,
du début de l'année à la fin de l'année.

Deutéronome 11,12

Josy EISENBERG. — Précédemment, nous avons mis l'accent sur la santé. Mais l'économie et le pain quotidien ne sont pas moins essentiels. L'histoire de l'humanité le démontre abondamment : la plupart des guerres qui l'ont traversée furent provoquées par des causes liées à l'économie, même si elles étaient masquées par des motivations politiques ou religieuses. D'ailleurs, en hébreu, le mot guerre — *MiL'HaMah* — est directement dérivé du mot pain : *LeHeM*. C'est tout dire. Ici se pose un problème que nous devons maintenant développer : pourquoi demander la santé avant le pain quotidien ?

Adin STEINSALTZ-EVEN ISRAEL. — Logiquement, cet ordre aurait dû être inversé. La guérison et les problèmes de santé concernent un nombre limité de personnes, alors que le pain concerne tous les être humains, et même au-delà : le monde animal. Mais nous avons clairement expliqué que la guérison est à entendre au sens spirituel du terme. C'est pourquoi la demande de guérison a été placée après celle du pardon des fautes : elle en est le couronnement et l'aboutissement.

J.E. — La place de cette bénédiction se justifie donc par son lien à ce qui la précède — le pardon — davantage que par sa relation à la bénédiction qui la suit : le pain quotidien. Entre deux logiques, les rabbins ont choisi celle qui situe la guérison dans un contexte éthico-spirituel.

A.S. — En fait, les huit premières bénédictions concernaient la dimension mentale et spirituelle de l'homme. Maintenant, on commence à parler des problèmes de la vie courante, et tout commence par le pain quotidien. C'est le début du troisième cycle des bénédictions.

Premier cycle : les trois premières bénédictions. Elles constituent le prélude de l'Amida. Je me présente devant Dieu.

Second cycle : il concerne la vie intérieure, la connaissance, la sagesse, le pardon.

Troisième cycle : la vie quotidienne.

J.E. — Il est frappant d'observer que, dans de nombreuses prières, nous demandons à Dieu de bénir la terre ; ici, nous prions pour qu'il bénisse l'année. « Bénis pour nous... cette année-ci... » C'est une tout autre perspective. D'ailleurs, la neuvième bénédiction porte en hébreu le nom de « bénédiction des années ».

En temps utile

A.S. — Cette bénédiction porte bien son nom. Elle est en effet étroitement liée au temps. Elle comporte du reste des formulations qui varient selon les saisons et selon les communautés.

J.E. — Il y a deux types de variantes. Tout d'abord, en hiver on prie pour la pluie, et en été pour la rosée. D'autre part, les Ashkenazim et les Sephardim formulent différemment ces demandes. Un tableau nous permettra d'y voir plus clair.

ÉTÉ

Ashkenazim
*Accorde ta bénédiction
sur la face de la terre.*

Sephardim
*Bénis-nous, Eternel
dans toutes les œuvres de nos mains,
et bénis notre année
par des rosées de ta bonne volonté.*

HIVER

Ashkenazim
*Et donne la rosée et la pluie
en bénédiction sur la face de la terre.*

Sephardim
*Arrose la surface du globe,
rassasie l'univers tout entier,
emplis nos mains de tes bénédictions,
épargne toute catastrophe à cette année
et bénis-la par des pluies de grâce.*

N'oublions pas que, jadis, le peuple juif était tout d'abord un peuple d'agriculteurs. L'hiver, c'est la saison où les terres font le plein d'eau avant les saisons chaudes et sèches des étés au Moyen-Orient.

Nous reviendrons sur le problème de la rosée, qui est particulier. Ce qu'il faut observer, c'est que la pluie occupe une place centrale dans la prière juive. Avant l'Amida, dans l'autre grande prière, le Chema — la profession de foi juive —, on récite trois fois par jour des promesses bibliques de prospérité qui ont pour fondement le don de la pluie.

*Si vous obéissez aux commandements
que je vous ordonne aujourd'hui
en aimant l'Eternel votre Dieu
de tout votre cœur et de toute votre âme,
je donnerai la pluie à votre terre
en son temps, première pluie et seconde pluie,
et tu récolteras ton blé, ton vin et ton huile*[1].

A.S. — Dans cette promesse biblique, il y a une expression importante, qui éclaire les diverses formulations, très sophistiquées, de notre bénédiction : *en son temps*. Non seulement la pluie est indispensable pour nourrir les hommes ; son efficacité dépend aussi, absolument, du *timing* : il ne suffit pas que la pluie tombe ; encore faut-il qu'elle tombe au bon moment ! Si elle arrive un mois trop tôt ou trop tard, elle ne sert à rien.

Aussi bien, prier pour que l'année soit bénie, c'est bien davantage qu'une prière pour la pluie. C'est exprimer le souhait que les dons divins soient accordés *en temps utile*. Imaginons que le Saint-Béni-Soit-Il donne à un homme un milliard de dollars, mais la veille de sa mort. Il dirait : j'aurais préféré recevoir moins, mais un peu plus tôt !

J.E. — Nous avons cité le texte biblique qui promet deux temps de pluie, qui portent d'ailleurs en hébreu des noms différents : *yoré* — pluie d'automne — et *malkosh* : pluie de printemps. C'est donc que le facteur temps est vraiment primordial.

A.S. — Il l'est en effet, et particulièrement pour les récoltes : nous demandons en effet à Dieu de « bénir l'année et ses diverses productions en bien ».

J.E. — Nous aurons à expliquer ce dernier terme.

A.S. — Bien sûr ! Le rapport entre le temps et la récolte est plus sensible pour ceux qui vivent aujourd'hui comme vivaient nos ancêtres. Il n'est sans doute pas inutile de rappeler qu'au temps de la Bible, le commerce était l'affaire des non-Juifs et non des Hébreux. Les commerçants, c'étaient les Cananéens.

J.E. — Le mot cananéen signifie également commerçant.

A.S. — Ce nom propre est devenu un nom commun, tout comme plus tard on a appliqué le nom de Juif à quiconque faisait du commerce, même s'il n'était pas juif ! Cela figure encore dans quelques dictionnaires qui ne sont pas toujours corrigés. Juif était devenu synonyme de commerçant.

Mais les Juifs étaient d'abord des paysans, et les paysans vivent avec le temps. Pour le citadin, la pluie signifie simplement qu'il doit prendre un parapluie ; mais pour l'homme qui vit de la terre, tout est lié au rythme du temps.

La rosée et la vie

J.E. — Dans cette bénédiction, nous évoquons à la fois la rosée et la pluie. C'est paradoxal. En effet, toute la littérature juive s'est efforcée de distinguer la pluie de la rosée. La première dépend, nous-dit-on, de nos mérites ; elle est sporadique et aléatoire. Le monde peut être frappé de sécheresse. En revanche, la rosée, qui est permanente, n'a pas de lien direct avec l'état spirituel des hommes. C'est tellement vrai que, dans la Bible, on voit le prophète Elie annoncer qu'il n'y aurait « ni rosée ni pluie » en terre d'Israël [2]. Mais, démentant le prophète, la rosée persista et seules les pluies s'arrêtèrent. On peut donc se demander pourquoi nous prions aussi pour la rosée.

A.S. — C'est une très ancienne question, et l'on a eu maintes fois l'occasion de la poser depuis maintenant deux mille cinq cents ans que nous prions ! En fait, la rosée est un phénomène permanent qui, du point de vue de la physique, est relativement simple. Par opposition, la pluie est un phénomène extrêmement complexe, qui combine de multiples facteurs, et dont aujourd'hui encore nous ne savons pas précisément comment ils fonctionnent. La rosée apparaît comme bien plus naturelle : elle dépend simplement des différences de température et du degré d'humidité de l'air.

Néanmoins, la rosée peut être un bien ou un mal, une bénédiction comme une malédiction. N'oublions pas que la formule exacte, c'est : « Donne-nous la rosée et la pluie en bénédiction. » La rosée a besoin d'être bénie. Elle peut aussi provoquer le pourrissement, ou n'être d'aucune utilité. Il faut donc qu'elle arrive en temps utile.

Mais la rosée a également une signification symbolique qui joue un grand rôle dans la mystique juive. Selon l'eschatologie des rabbins, c'est avec la rosée que Dieu ressuscitera les morts [3]. Elle avait déjà une fonction particulière dans le désert : la manne se déposait sous la rosée. Il y a un lien entre ces deux phénomènes : la rosée s'évapore, la manne apparaît.

J.E. — Et de même pour la résurrection des morts...

A.S. — Nous prions pour la rosée, bien que ce soit un phénomène naturel et permanent, pour dire en quelque sorte : même les choses les plus élémentaires et naturelles ne doivent pas être perçues comme si naturelles que cela !

J.E. — Ce qui correspond à une des affirmations fondamentales de la pensée juive : constater qu'une chose est naturelle ne signifie ni qu'elle soit normale ni que sa permanence soit assurée ! Les lois de la nature sont un effet de la Volonté divine, et retourneraient au néant dont elles furent tirées si cette volonté disparaissait. Dieu « renouvelle chaque jour son œuvre de création [4] ».

Pour en revenir à la pluie, le nom qu'elle porte en hébreu — *guéchem* — m'a toujours intrigué. Ce terme a en effet été utilisé par les philosophes juifs du Moyen Age pour désigner la Matière, au sein de la dialectique aristotélicienne de la Matière et de la Forme. En hébreu moderne, cette racine désigne le matériel par opposition au spirituel. Quel rapport peut-on établir entre la pluie et la matière ?

A.S. — Tout d'abord, d'un point de vue sémantique, il n'est pas certain qu'il y ait un rapport entre les deux acceptions de ce terme. Mais si ce rapport était avéré, on pourrait l'expliquer de la manière suivante : la pluie est pour l'homme la forme d'énergie la plus visiblement *concrète*. Comparons-la au vent, pour lequel nous prions également.

J.E. — En préambule à la seconde bénédiction, nous disons : « Tu fais souffler le vent et tomber la pluie. »

A.S. — Et le mot vent a également une acception spirituelle : *roua'h* désigne l'esprit. Le vent constitue une source d'énergie au moins autant que la pluie, mais nous ne pouvons le saisir ni l'enfermer dans un ustensile. La matière, elle, je peux la saisir : elle a des volumes et des formes.

Temps vivant

J.E. — Le terme de « bénédiction des années » recouvre également une autre réalité : le temps lui-même est objet de bénédiction, et tout particulièrement dans sa dimension annuelle. Un célèbre texte de la Torah, qui parle de la Providence divine à l'égard de la terre d'Israël, la relie aux limites de l'année.

C'est une terre que l'Eternel ton Dieu recherche.
Sans cesse, Ses yeux sont sur elle,
du début de l'année à la fin de l'année[5].

Tout se passe comme si la Providence divine, dans une sorte de contrat à durée déterminée — mais apparemment renouvelable —, s'exerçait seulement dans le cadre d'une année !

A.S. — C'est le sens des prières de Roch Hachanah, le Nouvel An juif. Elles concernent précisément et exclusivement l'année qui vient. Le Nouvel An, dans toutes les langues, désigne l'arrivée d'une année nouvelle. En hébreu, le terme de Roch Hachanah — tête de l'année — est à prendre à la lettre. Chaque année constitue une entité significative. Les unités de temps ne sont pas accidentelles : il ne s'agit pas de la mesure d'un temps donné. Le temps a un contenu précis : chaque année est un monde en soi. Cela concerne d'ailleurs aussi bien les calculs relatifs à la venue du Messie que la valeur numérique attachée à chaque année. Par exemple, l'an 5748 se dit en hébreu *tisma'h* : tu te réjouiras. Chaque année possède ainsi non seulement son millésime propre, et significatif, mais aussi une spécificité, une forme et une couleur qui lui sont propres.

Ce phénomène s'observe également dans d'autres civilisations. Les Chinois affectent des noms particuliers aux cycles du temps : l'année du Chien ou du Dragon. C'est la même idée : chaque année a sa propre personnalité. D'ailleurs, dans la Cabbale, chaque année est placée sous le signe d'une sephira particulière[6].

Tout se passe comme si l'année écoulée était sans lien avec l'année qui commence. En fait, lorsque nous disons « tête de l'année », nous en parlons comme d'un corps concret, qui a une tête, une queue — un commencement, une fin — et son caractère propre.

Le mieux ou l'ennemi du bien

J.E. — Les années se suivent et ne se ressemblent pas... J'avais promis que nous commenterions, au sein de cette bénédiction, un terme étrange : « Bénis les diverses productions de cette année en bien. » Pourquoi *en bien* ? Une bénédiction pourrait-elle être mauvaise ? Ne s'agit-il pas d'un pléonasme ?

A.S. — Aucunement ! *En bien* signifie : puisse la quantité de production être réellement *bénéfique !* Je n'ai pas à demander que Dieu donne peu ou beaucoup. Nous savons bien que trop d'argent crée l'inflation et qu'une récolte trop abondante provoque quelquefois une véritable crise économique. Une surproduction d'oranges, dans un pays dont c'est la principale ressource, peut être catastrophique. Il faut donc définir le rapport entre ce que je reçois et ce qui est bon pour moi, et c'est très complexe. En disant *pour le bien,* je ne donne aucune précision : je laisse cela à l'appréciation du Saint-Béni-Soit-Il. Lui, il connaît bien la « balance » ! L'excès peut être aussi mauvais que le manque.

J.E. — C'est d'autant plus vrai que la Bible manifeste une grande méfiance pour l'excès de prospérité. Le maître mot de cette idée, souvent exprimée par les prophètes, se trouve dans un verset devenu proverbial.

Yechouroun s'engraisse et se révolte[7].

Yechouroun est un surnom d'Israël. Ce verset fait penser au chien errant trop bien nourri par le maître qui l'a recueilli et qui finit par le mordre.

D'autre part, le Talmud condamne violemment les spéculations engendrées par l'abondance ou la disette. L'abondance n'a pas que des effets négatifs sur l'économie ; elle risque aussi de pervertir l'homme.

A.S. — Soyons clairs ! Il est vrai que de nombreux penseurs, y compris dans le Judaïsme, ont fait l'éloge de la pauvreté et montré tous les bénéfices spirituels que l'âme peut retirer d'une vie d'épreuves. Néanmoins, et bien qu'il y ait eu de nombreux ascètes juifs tout au long de l'histoire, la conception qui prévaut dans le Judaïsme, c'est qu'il vaut mieux que Dieu nous donne suffisamment et même davantage !

Certes, il peut arriver que l'on fasse mauvais usage de la prospérité. Dans le Traité des Pères, il est dit :

Celui qui néglige la Torah
parce qu'il est riche
finira par la négliger
parce qu'il sera devenu pauvre.
Mais celui qui l'observe,
bien que pauvre,
finira par l'observer dans la richesse[8].

Un commentateur a dit plaisamment : « O Dieu ! Cela ne sert à rien de rendre les hommes pauvres. Car les riches qui n'observent pas la Torah ne l'observeront pas davantage si Tu les appauvris ! Alors que les pauvres qui l'observent continueront à l'observer même devenus riches ! Donc, qu'ils soient riches ! »

C'est un problème très actuel. On parle beaucoup de sociétés d'abondance ou de consommation et des problèmes qui s'y posent.

Certes, ces problèmes sont réels. Mais que dire des problèmes qui se posent à une société en manque, où les gens souffrent de la famine, même s'il s'agit de problèmes d'une tout autre nature !

Il faut d'ailleurs observer que dans l'histoire, et c'est vrai pour les Juifs comme pour le monde entier, nous avons davantage été confrontés à la pauvreté qu'à la richesse ! L'abondance est une situation nouvelle que nous ne savons pas bien gérer.

C'est le même problème avec le temps : les hommes ont aujourd'hui bien plus de temps libre qu'ils n'en eurent jamais, mais ils savent de moins en moins comment l'utiliser...

Certes, je puis demander à Dieu de me gratifier de la pauvreté et mener une vie difficile. Mais, à mon sens, souffrir de la pauvreté ne présente qu'un seul avantage : je sais de quoi je souffre !

Grâce à Dieu ?

J.E. — Il est clair que le Judaïsme a toujours accordé à l'économie et aux problèmes de subsistance toute l'importance qu'ils méritent. Point de véritable vie spirituelle si les besoins fondamentaux de l'homme ne sont point satisfaits. Deux citations : l'une très ancienne, du Traité des Pères : « Sans farine, point de Torah ; sans Torah, point de farine[9]. » L'autre, plus récente, d'un grand moraliste du dix-neuvième siècle, Rabbi Israel de Salant : « Les besoins matériels d'autrui sont mes propres besoins spirituels. »

Il est un autre terme de la neuvième bénédiction qui exige d'être explicité. Il s'agit, une fois de plus, d'une variante.

Les Ashkenazim disent : « Bénis la terre et rassasie-nous *de sa bonté* » ; les Sephardim, eux, disent : « *de ta bonté* ».

A.S. — En fait, cela revient au même. La terre n'est pas autonome : c'est Dieu qui la bénit. L'usage d'une formule plutôt que d'une autre ne fait qu'exprimer le choix entre l'action directe de Dieu et son action indirecte.

La question posée ici est la suivante : jusqu'à quel point dois-je insister sur le rôle de Dieu ? Il y a des gens qui ont sans cesse besoin de dire à Dieu : « Tout est à Toi, tout provient de Toi. »

J.E. — Dans certains milieux, on ponctue fréquemment certaines phrases de l'expression *Barou'h Hachem* (Dieu soit béni). Cela peut concerner des choses très importantes : « Je suis en bonne santé, Dieu soit béni », comme des choses très triviales :

« Le club de football Betar de Jérusalem est champion d'Israël. Dieu soit béni ! »

A.S. — Cela n'est encore rien ; on a fait bien pire pour le Betar de Jérusalem ! Le fait d'invoquer Dieu à tout bout de champ, c'est essentiellement affaire de sensibilité.

Dans la prière comme dans les relations humaines, le problème est de savoir jusqu'à quel point j'éprouve le besoin de *souligner les choses*. Certains se contentent de nuances. Ils diront : « Je te prie de bénir la terre, et dorénavant, Ta bénédiction, je la reçois de la terre. » Et c'est une relation directe.

J.E. — Vous parlez de la formulation : « Rassasie-nous *de sa bonté*. »

A.S. — Les vrais problèmes commencent à se poser lorsque l'on pense que la bénédiction va de soi, qu'elle est « normale ». D'où l'importance de prier pour la pluie et, d'une manière plus générale, de vivre au quotidien les problèmes de la subsistance. Pour prendre un exemple : le monde des agriculteurs, ou des commerçants, est infiment plus conscient de la grâce que constitue l'abondance, et de la nécessité de prier, que celui des fonctionnaires ! Un grand maître du Hassidisme avait l'habitude de dire : « Ceux qui étudient la Torah *croient* en Dieu ; les commerçants, eux, le *voient* ! » C'est profondément vrai : dans une boutique, on distingue aisément une bonne d'une mauvaise journée. Pour le fonctionnaire, tout est plus régulier. Or, chaque fois que les choses nous paraissent régulières, naturelles, normales somme toute, nous devons prendre conscience que rien n'est vraiment normal ! Bien des personnes savent bien que la bénédiction ne se trouve pas dans la terre, le bâtiment ou les affaires, et qu'il faut prier pour qu'elle s'y manifeste.

J.E. — Ce sont des vérités premières que l'on oublie quelquefois. Je me souviens avoir acheté un jour du lait dans une ferme pour un de mes neveux qui m'a dit : « Je ne veux pas de lait de vache, je veux du lait de magasin. »

A.S. — Bien sûr ! Pour le citadin, le lait provient de la bouteille, et le pain de la boulangerie. Mais l'homme le plus riche a toujours besoin de pain, et le blé pousse comme il a toujours poussé !

J.E. — C'est sans doute parce que nous n'avons pas, les uns et les autres, la même conscience des dons de Dieu que nous disons « nous » — *bénis pour nous* — et non point : *bénis pour moi.*

A.S. — Toutes nos prières sont collectives ; mais il y a toujours un moment où l'on se sent davantage concerné par tel ou tel aspect. Ainsi, il fut un temps où l'on incluait dans cette bénédiction une longue supplique personnelle pour le pain quotidien. Aujourd'hui, cela se pratique moins ; on gagne son pain plus facilement.

J.E. — Sauf les chômeurs...

A.S. — Evidemment ! C'est d'ailleurs la même chose en ce qui concerne la bénédiction pour la santé. On la récite en termes très généraux ; mais si l'un de nos proches est malade, cette bénédiction devient plus personnelle. De même, la personne qui est à la veille de faire faillite récitera la *bénédiction des années* avec plus de ferveur et d'enthousiasme que les autres jours.

Cela dit, en priant pour la collectivité, nous essayons de créer un lien et une communication entre des personnes très différentes : entre celui dont la pitance est assurée et celui qui n'est pas sûr du lendemain. La formulation collective de la prière crée ainsi des liens de réciprocité et de solidarité entre les divers membres de la communauté.

Mazal

J.E. — La prière pour la pluie pose un autre problème. D'une certaine façon, elle apparaît comme une tentative de modifier le cours naturel des choses. Il existe en hébreu un concept qui signifie à la fois chance, bonne fortune et hasard : *mazal*. Or ce terme vient d'un verbe qui signifie *couler*. Plusieurs commentateurs expliquent qu'il y a une similitude entre la pluie et la chance. La pluie tombe du ciel, dans des conditions qui semblent relever du hasard, ou plus précisément d'une certaine part de chance. Si je vis dans un pays plus arrosé, je recevrai généralement plus de pluie que dans le désert ; si je vis dans un pays riche, je serai plus prospère que l'habitant du tiers-monde. Autrement dit, si je me trouve placé sous un flot qui « coule » de quelque part, j'en bénéficierai quasi automatiquement ! C'est au point que le Talmud dit : « Qui change de lieu change de *mazal*[10]. »

A.S. — Certes, mais le fait de changer de lieu n'est pas nécessairement lié à cette bénédiction. N'oublions pas, quelle que soit son étymologie, que le terme *mazal* a tout d'abord une signification astrologique.

J.E. — C'est à la fois la constellation et le signe astrologique ; pour les philosophes juifs du Moyen Age, ce terme désignait ce que l'on appelle : le déterminisme astral. Cette question — sommes-nous déterminés par le lieu et l'heure de notre naissance ? — a beaucoup divisé les penseurs juifs. D'une part, il est de tradition de souhaiter aux jeunes mariés : *Mazal Tov* — puisse ce mariage se célébrer sous *une bonne étoile* ; mais d'autre part, le Talmud disait : « Il n'y a pas de *mazal* pour Israël[11] ! »

A.S. — Ce que le Talmud a voulu dire, c'est qu'Israël n'est pas soumis au déterminisme astral, à la loi des étoiles.

J.E. — Il n'y a pas de fatalité.

A.S. — Néanmoins, la nature obéit à des lois, et peu importe qu'elles soient de l'ordre de la physique ou de l'astronomie. Le fait de prier manifeste précisément que nous refusons la fatalité et le caractère absolu de ces lois.

Chaque fois que je prie, j'affirme : « Peut-être que ma demande ne peut être satisfaite selon le fonctionnement *naturel* de l'économie, de la médecine ou de la sociologie. Mais Toi, Tu n'es pas soumis au cours naturel des choses ! »

Toutes les bénédictions que nous récitons dans l'Amida reposent sur le même postulat : on peut surmonter les lois de la nature, elles constituent simplement un cadre général.

Par exemple, si je suis dans la rue et qu'il pleut, je serai mouillé, alors qu'en principe, dans ma maison, je serai au sec. Cependant, si mon toit est percé, je serai mouillé dans ma maison, alors que, sous un parapluie, je serai au sec dans la rue !

Autrement dit, il y a des choses que l'on peut « déplacer » au sein des lois naturelles. On peut les « bouger ». C'est précisément le rôle de la prière : « bouger » non seulement de droite à gauche, mais aussi de haut en bas.

C'est pourquoi, même si selon les données climatiques ou économiques, le monde devrait être en manque cette année, je puis prier pour la prospérité ! Il arrive d'ailleurs que cette prière ait des effets très particuliers. Le Talmud dit : « Il peut arriver que la pluie tombe dans le champ d'un Juste, et pas dans les champs voisins ! »

QUATRIÈME PARTIE

DÉLIVRANCES

A partir de la dixième bénédiction, l'Amida change de registre. On ne prie plus pour la satisfaction de ses besoins personnels, qu'ils soient d'ordre spirituel ou matériel. La prière devient collective au sens large du terme. Elle concerne dorénavant le destin du peuple d'Israël. Son axe central, c'est la fin de l'Exil et de ses séquelles : injustices, humiliations, persécutions. Retour à Sion, protection des « rescapés d'Israël », rétablissement de la souveraineté juive et du culte au Temple constituent les principales étapes de la rédemption. En fait, c'est un véritable scénario eschatologique qui va se dérouler sous nos yeux, ou, plutôt, sur nos lèvres : chaque bénédiction constitue une étape de cette dramaturgie liturgique. On en saisira toute l'importance quand on saura que l'attente du salut couvre huit des dix-neuf bénédictions de l'Amida, soit près de la moitié de cette prière.

Le chofar et la bannière

Sonne du Grand Chofar pour notre libération,
élève une bannière pour rassembler nos exilés
et réunis-nous, ensemble
des quatre coins de la terre.
Loué Sois-Tu, Eternel, qui rassembles
les « repoussés » de ton peuple, Israël.

Dixième bénédiction de l'Amida

Ce jour-là, on sonnera du Grand Chofar
et reviendront ceux qui ont été perdus au pays d'Assur
et les « repoussés » en terre d'Egypte,
et ils se prosterneront devant l'Eternel
sur la montagne sainte à Jérusalem.

Isaïe 27,13

Josy EISENBERG. — Nous cherchons constamment à établir le lien logique, ou la progression, qui préside à l'ordre des bénédictions de l'Amida. Il semble quelquefois problématique. Comment passe-t-on d'une demande aussi universelle, dans le temps et l'espace, que celle de la prospérité, à une attente aussi particulière que la fin de l'Exil ?

Adin STEINSALTZ-EVEN ISRAEL. — En fait, il existe plusieurs types de relations entre ces deux phénomènes apparemment très éloignés l'un de l'autre. J'aimerais, tout d'abord, faire une observation : la relation qui est suggérée ici entre l'accès à la prospérité et le retour d'Israël sur la terre des ancêtres est parfaitement anti-historique. L'histoire des Juifs démontre en effet qu'ils retournent en Israël surtout quand ils se sentent mal ailleurs, ou qu'ils ne peuvent plus vivre dans la Diaspora.

J.E. — Les causes peuvent en être politiques mais aussi économiques. Les historiens distinguent d'ailleurs deux formes d'émigration vers Israël : l'une par idéal, l'autre par contrainte ou pression. On parle, alors, d'*alyah* — montée vers Israël —, de *détresse*.

A.S. — Dans ce cas, il faudrait plutôt parler d'*alyah*, de fuite ! Parlons tout d'abord du premier cas : celui des Juifs qui vivent en paix dans la Diaspora, ils jouissent d'une certaine aisance, ne subissent pas de pressions, et décident cependant d'aller vivre en Israël. Car l'Amida ne se réfère pas ici à la réalité historique : elle décrit plutôt une situation idéale.

L'idéal, ce serait en effet que les Juifs se sentent bien là où ils vivent, qu'ils y aient de quoi mener une vie agréable, la santé, la prospérité...

J.E. — En bref : que les huitième et neuvième bénédictions soient réalisées...

A.S. — Et qu'ils se disent cependant : maintenant il est temps pour nous de retourner en Israël ! D'y retourner par un acte volontaire, et non pour fuir une situation déplaisante.

Aussi bien cette bénédiction du retour des exilés est-elle davantage que la réalisation d'un rêve messianique : une prise en charge et une reconstruction *volontaire* de sa propre vie.

D'ailleurs, la Bible a prédit l'émergence de cette situation. La sortie d'Egypte — le premier Exil — était une fuite. Mais quand viendra l'ultime délivrance :

Vous ne partirez pas en fuyant
ni dans la précipitation [1]...

Ainsi s'explique la continuité entre la prospérité et la liberté retrouvée : une fois que nous avons cessé d'être malheureux et nécessiteux, nous pouvons commencer à penser à des choses abstraites.

Quand un homme est affamé, il n'a pas le temps de réfléchir à la liberté : il pense au pain ! Une fois rassasié, il peut envisager des choses qui sont tout aussi vitales, même s'il en ressentait moins le besoin. Et là, il peut se dire : « Je veux rentrer à la maison. »

La tête haute

J.E. — En fait, il existe une série de connexions très subtiles entre les données socio-économiques et le retour en Terre sainte. Elles affectent tout d'abord la situation des Juifs de la Diaspora. Ils peuvent la quitter par idéalisme. Ce fut le cas, tout au long de l'histoire, de nombreuses vagues d'émigration juive vers la Palestine. Jusqu'au dix-neuvième siècle, il s'agissait essentiellement d'un idéal de type religieux ; des rabbins et leurs disciples, sans se sentir menacés dans leur pays de naissance, décidaient qu'ils ne pouvaient vivre pleinement leur vie spirituelle qu'en Terre sainte. A partir du dix-neuvième siècle, avec le sionisme moderne, les motivations se diversifient. Pour les uns — les pionniers — elles étaient éthico-nationales : il s'agissait de retrouver, par le travail de la terre et l'autodétermination, la dignité perdue en Occident à cause du mépris des nations. Pour les autres, il s'agissait effectivement d'une émigration de nécessité face à des conditions de vie politiques ou socio-économiques devenues intolérables : dans la Russie tsariste puis communiste, dans l'Allemagne nazie ou en terre d'Islam. Si nous prenons le cas de figure idéal, il existe une double relation entre la prospérité et le Retour. D'un côté, la première peut favoriser le second : en tout cas, ne pas l'entraver. De l'autre, le Retour donne naissance à une autre prospérité : celle de la terre d'Israël. Cette relation est d'ailleurs paradoxale. D'une part, le retour des Juifs conditionne la renaissance d'une terre longtemps laissée en friche ; mais, de l'autre, il faut aussi que la terre commence à renaître pour que les Juifs puissent y revenir. C'est ce que disaient les Prophètes :

Et maintenant, montagnes d'Israël,
sortez votre rancune et portez vos fruits
pour mon peuple, Israël, car proche est sa venue[2].

Il y a là comme une sorte de réciprocité entre le retour et la fécondité.

A.S. — Il y a en effet réciprocité : mais ici, une fois encore, on décrit le salut tel qu'il devrait être *en principe*. A savoir : dans une période de prospérité et d'affluence.
   Ce rapport à la terre n'est pas de la propagande sioniste. Il apparaît dans des textes très anciens. Dans le Talmud de Jérusalem, il est écrit :

Quand les Juifs n'habitent pas la terre d'Israël,
elle reste en friche.
Quand ils s'y installent, elle recommence à fleurir[3].

Cette fécondité nouvelle est d'ailleurs précisément un signe que le Retour est en train de s'opérer.

J.E. — C'est un signe visible. Moïse avait annoncé que la terre d'Israël resterait en friche durant l'Exil, ce que l'histoire a confirmé. La nouvelle fécondité de la terre est certainement un signe du retour en grâce de la terre, mais il faut observer qu'elle doit beaucoup aussi à la sueur des pionniers.

Le Retour est placé sous le signe du chofar, la corne de bélier. Pourquoi ?

A.S. — C'est parce qu'il ne s'agit pas simplement de Retour. C'est un retour dramatique. Sinon, pourquoi parler de « Grand Chofar ? » Qu'importe sa taille ! Qu'importe que l'on revienne sur de petits ou de grands bateaux ! Le chofar, cette trompette aux accents éclatants, entendue de tous, exprime le fait que nous ne souhaitons pas revenir clandestinement, en nous faufilant un par un.

J.E. — Ce qui fut le cas avec l'immigration clandestine en Palestine, de 1938 à 1948.

A.S. — Nous voulons revenir la tête haute, ainsi qu'il est écrit :

Je briserai le bois de vos jougs,
et je vous ferai revenir la tête haute[4].

La tête haute : que le monde entier le sache, le voie, l'entende, et, dans un certain sens, l'approuve !

J.E. — Lorsque les Nations unies ont proclamé l'Etat d'Israël, elles ont sonné du Grand Chofar.

A.S. — Le chofar proclame la liberté, et ici, il place le retour à Sion dans une perspective plus exaltante qu'un simple retour.

A nous la liberté

J.E. — Vous avez prononcé le maître mot du sens profond des sonneries du chofar : liberté. Il faudrait dire : libertés, car le chofar est l'expression de libertés multiples que nous allons tenter de décrire. En fait, le retour en Israël n'est qu'un des maillons — l'avant-dernier avant la venue du Messie — de la chaîne des libertés que le chofar est censé proclamer. Si on le cite dans la bénédiction du retour, c'est par référence à un texte des Prophètes.

Ce jour-là, on sonnera du Grand Chofar
et reviendront ceux qui ont été perdus au pays d'Assur
et les « repoussés » en terre d'Egypte,
et ils se prosterneront devant l'Eternel
sur la montagne sainte à Jérusalem[5].

C'est pourquoi nous prions : « Sonne du Grand Chofar pour notre libération. »

A.S. — Le chofar est un instrument qui proclame spectaculairement la libération et la liberté. Il place le retour à Sion dans une perspective plus exaltante qu'une simple émigration.

Pourquoi le chofar, et non un autre instrument de musique, la foudre céleste, un nouvel arc-en-ciel ou tout autre signe eschatologique imaginé par Dieu ? Nous y reviendrons lorsque nous aurons à analyser les diverses significations attribuées au chofar dans la Tradition juive. Mais ce choix n'est pas arbitraire. Il est dicté par la Bible, qui a fait du Grand Chofar le signe de la rédemption d'Israël et du retour des exilés.

L'Amida se fonde sur le texte que nous venons de citer, mais en y ajoutant un terme qui ne figure pas dans la Bible. « Sonne du Grand Chofar *pour notre liberté.* »

Que l'on traduise *liberté* ou *libération*, la question reste la même : nous avons été longtemps aliénés et privés des droits civiques. Mais aujourd'hui, peut-on dire qu'un Juif n'est pas libre à Paris ou à New York ?

Le problème de la liberté est un problème philosophique ancien et complexe depuis qu'Epictète, cet esclave stoïcien, a dit qu'il se sentait libre, mais que son maître était esclave ! Comment définir la liberté ? Pour tenter de comprendre ce que ce terme signifie ici, il faut d'abord se souvenir que l'Amida est un texte qui peut paraître simple, mais où chaque terme recouvre de vastes couches de pensée, de récits et d'histoire.

J.E. — C'est un texte qui fourmille de références.

A.S. — Je dirais : un supertexte. Ici, la liberté est représentée par le chofar, car dans la Bible, il en est le signe. Tous les cinquante ans, on célébrait l'année du Jubilé, qui est le temps de la liberté retrouvée.

Vous proclamerez sainte la cinquantième année,
et appellerez à la liberté, dans le pays, tous ses habitants.
Ce sera pour vous le Jubilé,
où chacun rentrera dans son bien,
et où chacun retournera à sa famille[6].

Il y avait jadis, dans l'Israël biblique, une double libération à l'intérieur d'un cycle de cinquante ans. D'abord, tous les sept ans, les esclaves retrouvaient leur liberté, et les dettes étaient annulées.

J.E. — Précisons qu'en hébreu, c'est le même terme qui désigne les serviteurs et les esclaves. Lorsqu'on parle d'esclaves dans la Bible, il s'agissait en fait de personnes qui s'étaient « vendues » à un maître pour payer leurs dettes, et dont cette sorte de contrat était véritablement à durée limitée : au maximum six ans. La seconde libération, c'est celles des terres, vendues elles aussi par nécessité.

A.S. — Au bout de sept fois sept ans, on proclamait l'année du Jubilé, au son du chofar, le jour de Kippour.

Vous ferez passer une sonnerie du chofar
le septième mois, le dixième jour.
Le jour de Kippour, vous ferez entendre
le chofar dans tout le pays[7].

Au son du chofar, toutes les terres devaient revenir à leur premier propriétaire.

Quand la Loi délivre

J.E. — Il est clair que si le chofar, pour un Juif, évoque d'abord les solennités du Nouvel An, sa tonalité profonde, surtout si l'on parle de Grand Chofar, c'est l'appel à la liberté. Il y a d'ailleurs un rapport très étroit entre la liberté et la vie en Terre sainte. Chaque année, à Pessa'h, la Pâque juive, au cours du repas initial de la fête appelé Sédère, on récite, avant la fameuse incantation « l'an prochain à Jérusalem », une prière que les esclaves hébreux sont censés avoir dite en Egypte.

Cette année, nous sommes en Egypte.
L'an prochain, en terre d'Israël.
Cette année, esclaves ; l'an prochain, libres[8].

On ne saurait mieux identifier l'aliénation à l'exil et la liberté à la vie en Terre sainte.

A.S. — Le chofar et la liberté ont une longue histoire en commun. Elle a commencé très tôt, dès la sortie d'Egypte. C'est en effet au son du chofar que les Dix Commandements ont été promulgués au mont Sinaï. « La voix du chofar allait se renforçant[9]. »

Dès ce moment, d'ailleurs, le chofar a été signe de liberté.

En effet, pour le Judaïsme, « le véritable homme libre, c'est celui qui s'adonne à la Torah[10] ». Voilà qui semble paradoxal, mais nous sommes convaincus que le don de la Torah ne constitue pas pour nous un esclavage, mais bien une grande libération.

J.E. — C'est en tout cas ce qu'affirme une des plus célèbres exégèses du Talmud à propos précisément des Tables de la Loi. Il est écrit que l'écriture divine était « gravée sur les Tables », en hébreu *'harout*. Les rabbins disent : « Il ne faut pas lire *'harout* (gravé) mais *'hérout* (liberté). » Gravée sur la pierre, coulée dans le bronze, la loi pourrait passer pour le symbole de la plus aliénante rigidité. C'est tout le contraire : la loi libère. Elle assure l'harmonie et de la société et de la personne humaine, point de vue que partagent évidemment les sociologues et les psychanalystes.

Cela dit, je voudrais revenir à notre tentative de définir la liberté. En disant : « L'an prochain, libres, en Terre sainte », alors que nous jouissons partout dans le monde de toutes sortes de liberté, nous affirmons qu'il existe pour le Juif une autre liberté, dont on peut se demander si elle existe vraiment dans la Diaspora : la liberté d'être soi-même. La fin non pas tant de la soumission ou de l'humilation que de l'aliénation.

A.S. — Il y a, effectivement, une forme de liberté qui n'a rien à voir avec les droits de l'homme ou les droits civiques. C'est ce qu'éprouve un homme lorsqu'il revient dans un lieu où il n'a plus à se justifier d'exister...

C'est une chose dont on n'est pas toujours conscient. Un Juif peut être un libre citoyen de son pays, devenir ministre ou même Premier ministre — il y en a quelques-uns — et n'être cependant pas un homme libre !

Cela dit, quand on parle ici de rassembler les « repoussés d'Israël », l'appel du chofar est tout d'abord, incontestablement, un appel à se libérer de l'Exil.

J.E. — Vous voulez dire : physiquement ! En d'autres termes, quitter le pays où l'on vit et réaliser ce que l'on appelle l'*alyah* : monter, retourner en Terre sainte.

A.S. — C'est le sens premier. Cependant, l'Exil ne se réduit pas au fait d'être battu ou parqué dans un ghetto. Etre exilé, c'est être dans l'impossibilité d'affirmer son identité : c'est être soumis à une autre culture et exprimer non pas sa propre essence, mais celle des autres.

Il faut dire que les Juifs se distinguent par leur capacité à s'identifier aux peuples parmi lesquels ils vivent. Ils sont fréquemment plus américains que les Américains et plus français que les Français. Cela ne s'appelle pas : être libre. Il y a des formes très agréables d'aliénation : celle du grand écrivain, du grand philosophe ou du grand homme politique. C'est quelquefois la manifestation d'une grande réussite, mais cela reste une aliénation dans la mesure où ce n'est pas son être profond que l'on exprime. Car ce n'est pas la liberté que nous cherchons, mais *notre liberté*.

J.E. — Celle d'être nous-mêmes, avec les valeurs de notre judéité. Je crois qu'une anecdote peut éclairer votre propos. Woody Allen a dit un jour : « *I am a jew, but I can explain.* » (Je suis juif, mais je peux expliquer... !)

Petit chofar deviendra grand

A.S. — C'est une chose courante, même là où les Juifs jouissent d'une parfaite égalité de droits.

En fait, ce concept — retrouver *notre* liberté — est également lié à un autre aspect du chofar. Vous rappeliez que nous sonnons solennellement du chofar à Roch Hachanah. Or le chofar a, entre autres, deux significations. D'une part, c'est un instrument destiné à délivrer divers messages...

J.E. — Saadia Gaon en comptait dix [11] !

A.S. — Mais le sens général, c'est un appel au mouvement : bouger, se réunir, sortir. Selon Maïmonide, le chofar a une signification symbolique : « Réveillez-vous. »

J.E. — Et nous n'oublions pas que, dans toute la littérature juive, l'Exil est comparé au sommeil, et le Retour au réveil !

A.S. — Si l'on évoque les multiples usages du chofar, il en est deux qui revêtent un caractère solennel. D'une part, on sonnait du chofar en partant pour la guerre. Ce n'était pas une musique militaire très musicale, mais on l'entendait très bien ! D'autre part, c'est au son du chofar qu'on saluait le couronnement d'un nouveau roi. Or il y a un point commun entre ces diverses sonneries, qu'il s'agisse du Nouvel An, du Jubilé, du Sinaï, du couronnement d'un roi : elles manifestent l'indépendance et l'émergence d'un *nouveau pouvoir*.

Voilà qui nous renvoie au Grand Chofar avec lequel commencera la libération du peuple juif. Chaque fois qu'on entend le chofar, l'idée est la même : abandonne ce que tu es en train de faire, et sois à l'écoute d'autre chose.

J.E. — Ce thème du Retour appelle quelques précisions. En hébreu, *Kibboutz Galouyot* signifie littéralement non point le retour de l'Exil, mais le retour des *exils*. Chacune des ethnies juives est appelée *exil* car il s'agit chaque fois d'une forme particulière d'exil. Ce terme connote la diversité des diasporas juives et la difficulté — nous y reviendrons — de les rassembler.

Il nous faut également expliquer ce terme de Grand Chofar. Le chofar renvoie toujours à la corne du bélier sacrifié à la place d'Isaac. Or ce bélier avait deux cornes, et il existe une tradition selon laquelle l'une des cornes figure le chofar ordinaire et l'autre le Grand Chofar. Voilà qui demande un commentaire, tout comme le fait que le rassemblement d'Israël semble exiger deux signes : le chofar et la bannière.

Sonne du Grand Chofar pour notre libération,
et élève une bannière pour rassembler nos exils.

Dernière observation : le fait de demander à Dieu de sonner du Grand Chofar *préalablement* à notre libération explique les réticences du monde ultra-orthodoxe à reconnaître le caractère messianique de la création de l'Etat d'Israël : ce monde n'a pas entendu le Grand Chofar et reste dans l'attente de sa manifestation.

A.S. — Selon la tradition que vous citez, le Grand Chofar est celui du Retour, et le petit celui du Sinaï. C'est assez étonnant : la Révélation de la Loi au Sinaï n'est-elle pas l'événement central de l'histoire juive ? Pourtant, le chofar au Sinaï n'est pas le Grand Chofar. Pourquoi ? Parce que, en fait, l'événement du Sinaï n'est qu'un *début* ! Il laisse la porte ouverte à bien des options. Les prophètes annoncent un Grand Chofar : bien ! Mais « le petit chofar » du Sinaï était très puissant. Pourtant cela n'a pas empêché Israël, à peine quarante jours après, de construire « un petit veau » ! C'est un effet du libre arbitre. Donc, au Sinaï, nous étions seulement au début d'un long processus. C'était comme un prélude, une « ouverture », quelque peu bruyante, de l'histoire du peuple d'Israël ; le Grand Chofar, ce sera le final, et il doit être plus éclatant que l'ouverture.

J.E. — Vous décrivez l'histoire juive comme une symphonie. Une ouverture brillante, mais un final en fanfare, *largo* et *maestoso*, diraient les musiciens. C'est sans doute parce que l'événement du Sinaï s'est déroulé devant un auditoire restreint : seuls les Juifs y étaient présents. A la fin des temps, ce sera une symphonie cosmique.

Entendre et voir

A.S. — C'est bien pourquoi il est question d'un Grand Chofar : il faudra que tout le monde l'entende. Ce sera l'apothéose du Sinaï.

J'en viens maintenant à notre seconde question : la bannière. Au sens premier, il s'agit bien d'un drapeau.

J.E. — Un emblème, derrière lequel tous se rassembleront. Le mot *ness* signifie également « miracle ». Et là, c'est tout autre chose. Car il est évident que le rassemblement en Terre sainte de tous les Juifs tient du miracle.

A.S. — En tout état de cause, il existe une grande différence entre le chofar et la bannière. Le chofar a une portée générale. C'est une proclamation : « Réveillez-vous, faites mouvement. » Et cette proclamation est bruyante.

Un drapeau, en revanche, est un emblème plus limité. Mais ce n'est pas un simple chiffon : il a une dimension symbolique. Et c'est un symbole qui parle.

J.E. — La différence entre le chofar et la bannière, c'est aussi que l'un est une voix et l'autre une image. Cela ressemble à la différence entre la radio et la télévision. Je proposerais volontiers l'explication suivante : le chofar et la bannière ne s'adressent pas au même public, ou à la même sensibilité. Il y a des gens qui entendent une voix, une voix intérieure qui leur dicte un changement de vie ; par exemple, s'établir en Israël. C'est le chofar. D'autres, au contraire, ont besoin de voir : par exemple, la naissance de l'Etat d'Israel. Les pionniers du dix-neuvième siècle étaient mus par une voix — une idéologie — qui les poussait à aller en Terre sainte alors qu'il n'y avait rien à y voir. C'était une *vision* au sens prophétique du terme, mentale et abstraite. Tandis que tous les Juifs qui ont décidé d'aller vivre en Israël *après* la création de l'Etat, eux, ils ont eu une vision au sens propre du terme : une réalité concrète, une bannière.

A.S. — Certainement ! Il y a un autre problème : le chofar, encore faut-il l'entendre ! Et le drapeau, quand on le hisse, encore faut-il le regarder ! Si je refuse de voir et d'entendre, personne ne peut rien pour moi ! D'où l'importance de la quatrième bénédiction, où nous demandons à Dieu de nous accorder suffisamment de lucidité pour voir et entendre.

J.E. — Comme il est dit dans les Psaumes : « Ils ont des yeux et ne voient pas, des oreilles et n'entendent pas [12] ! » Le Psalmiste parlait des idoles ; mais cela concerne aussi les êtres humains. Il se passe bien des choses dans le monde : encore faut-il que j'en sois conscient. Si je ne suis pas disponible, rien ne se passe. Le chofar et la bannière sont des signes, et il faut prier pour être capable de les reconnaître.

Ce n'est pas sans raison que la bénédiction que nous récitons à Roch Hachanah avant de sonner du chofar ne parle pas de « sonner du chofar », ce qui serait logique, mais d'*entendre* la voix du chofar ! Sonner est une chose ; entendre en est une autre. Tout dépend de notre réceptivité. Il est écrit :

Tous les habitants du globe,
tous ceux qui peuplent la terre,
vous verrez comme une bannière sur les montagnes,
et vous entendrez comme une voix de chofar [13].

C'est bien là notre problème. On dit couramment qu'il existe deux prières : celle de Dieu et celle d'Israël. Nous demandons à Dieu de faire ce qui est de son ressort : faire entendre le chofar, nous montrer sa bannière. Et Dieu, lui, prie pour que nous ne dormions pas, que nous entendions le chofar et suivions sa bannière !

Les Juifs perdus

Nous l'avons dit : la bénédiction du Retour a son fondement dans la prophétie d'Isaïe :

Ce jour-là, on sonnera du Grand Chofar
et reviendront ceux qui ont été perdus au pays d'Assur
et les « repoussés » en terre d'Égypte,
et ils se prosterneront devant l'Éternel
sur la montagne sainte à Jérusalem.

Le sens premier de ce texte concerne d'une part les Dix Tribus du royaume d'Israël qui ont été déportées en l'an 722 avant l'ère chrétienne par les Assyriens et qui se sont volatilisées en Asie : perdues au sens physique du terme. Soit dit en passant, un certain nombre d'ethnies ayant un lien plus ou moins fort avec le Judaïsme sont considérées comme descendant des Dix Tribus. Cela va des moins contestables — les Juifs noirs d'Ethiopie — jusqu'à quelques problématiques tribus indiennes ou afghanes. Certains de ces « Juifs perdus » sont d'ailleurs revenus en Israël. Ils ont entendu le « Grand Chofar ».

Quant aux « repoussés » en terre d'Egypte, ce terme désigne les Juifs vivant dans les confins les plus extrêmes de la planète.

On peut d'ailleurs attribuer une signification métaphorique à ce terme. *Repoussés* signifie également *rejetés* : ce fut longtemps une bonne définition du statut des Juifs dans la Diaspora.

A.S. — Ce terme a en effet des significations multiples. Il y a, parmi les Juifs de la Diaspora, ceux qui ont envie de revenir, de faire corps avec le peuple d'Israël. Ils n'attendent qu'une occasion, et dès qu'elle se présente, ils reviennent.

Mais il y a aussi ceux qui ont été repoussés si loin qu'ils ne veulent même plus revenir et ignorent qu'ils ont où revenir !

J.E. — Certains commentateurs donnent aussi un sens particulier aux termes d'Assyrie et d'Egypte.

A.S. — C'est une très ancienne interprétation. Le mot *Achour* (l'Assyrie) peut aussi se lire « heureux ». Il y a des Juifs qui sont « perdus » parce qu'ils sont heureux en exil.

Et puis il y a les « repoussés d'Egypte. » Or le nom Egypte (*mitsraim*) peut aussi se lire *metsarim* (persécutés). Il y a des Juifs qui disparaissent — dans tous les sens du terme — à cause des persécutions.

Le fait est qu'il y a effectivement deux grandes causes d'assimilation et de perte de l'identité juive. La première, c'est la conséquence des pressions extérieures : des Juifs cessent d'être juifs parce qu'il est dangereux et inconfortable de le rester. Au début, ils s'en vont volontairement ; puis ils finissent par être « repoussés » si loin qu'ils oublient leur appartenance et ne connaissent même plus le chemin du Retour.

Nous les appelons « les repoussés d'Egypte ».

Et puis, il y a ceux qui se « perdent en *achour* » : dans le bonheur. Ce n'est pas moins dangereux ! Ils disparaissent dans les sociétés d'abondance.

Si l'on parle ici de « rassembler », c'est parce qu'il faut réunir ces deux types de « Juifs perdus ». Les uns, qui se cachent, comme les Juifs qui ont fui les ghettos de Pologne durant la dernière guerre et se sont cachés dans les forêts sous des noms d'emprunt : les *rescapés*. Et les autres, qui vivent dans les beaux quartiers de Paris, de New York et de Los Angeles. Eux aussi sont des rescapés, qui se cachent quelquefois, et qu'il faut aller chercher un par un.

Au-delà des difficultés posées par un aussi massif rassemblement, se pose également une autre question : la diversité des problèmes personnels que les Juifs ramènent de leur exil. Car chacun a eu sa forme personnelle d'exil, qu'elle ait été heureuse ou malheureuse.

Bref : il y a une forme très simple d'exil : lorsqu'on sait qu'on est en exil et qu'on en souffre. Mais il existe une forme plus compliquée ! Quand on ne sait plus qu'on est en exil. Là, en sortir exige une démarche bien plus complexe !

Théorie de l'ensemble

J.E. — On prête à Ben Gourion une boutade devenue célèbre : « Il est plus difficile de faire sortir l'exil des Juifs que les Juifs de l'exil. »

Finalement, cette bénédiction que nous récitons trois fois par jour est riche en enseignements fondamentaux. Tout d'abord, elle nous rappelle, si besoin était, que le sionisme, si souvent décrié, n'est pas une invention moderne : voilà deux mille ans, et plus, que nous disons sans cesse : « Rassemble les exilés d'Israël sur la terre d'Israël. »

Nous apprenons également qu'il y a des Juifs perdus : perdus pour leur peuple, ou qui ont perdu leur peuple et choisi une autre identité et une autre histoire. Qui ont, par exemple, les Gaulois pour ancêtres, et non les Hébreux ; Marx pour mentor, et non Moïse. A cet égard, il faut préciser que pour la Cabbale, le concept de « Juifs perdus » désigne fréquemment les âmes perdues de personnes qui sont juives sans le savoir, étincelles de sainteté prises dans la gangue de l'Exil et auxquelles des tribulations séculaires ont fait perdre toute conscience de leur identité première. C'est d'ailleurs, soit dit en passant, une des interprétations données à certaines conversions au Judaïsme : une manifestation de l'inconscient de ces âmes, de leur « réveil » et de leur « retour ».

Il nous reste un dernier concept à élucider.

Nous disons : « Rassemble-nous ensemble des quatre coins de la terre. » Rassembler ensemble : n'est-ce point là un véritable pléonasme ?

A.S. — Il y a bien des manières de mettre des choses ensemble ! On peut jeter en désordre dans un coffre ou une poubelle tout ce qui nous tombe sous la main. On dira que ces choses sont ensemble, mais le sont-elles vraiment ? Le mot *ya'had* (ensemble) désigne en vérité une situation où un lien existe entre les éléments que l'on rassemble. Sa signification étymologique, c'est l'unité et l'unification : reconstituer une même et seule essence. C'est le processus inverse de l'exil, qui, lui, agit comme une force centrifuge.

Or, disperser quelque chose à tous les vents n'est pas seulement un phénomène technique : il produit des altérations. Une fois dispersés, les gens deviennent différents et acquièrent une nouvelle personnalité. Lorsqu'on essaie de les réunir, on découvre les profonds changements subis au fil des temps. En deux mille ans, on a le temps de changer ! Par conséquent, de grands efforts sont nécessaires, non seulement pour les réunir dans un même pays, mais surtout pour les faire vivre ensemble. Il est en effet difficile de trouver ce que les gens ont de commun, après une si longue séparation, et ce qui pourrait les réunir au-delà de toutes leurs différences de personnes et de cultures.

J.E. — Rappelons que l'on a dénombré plus de cent nationalités parmi les Juifs revenus en Israël. C'est Jérusalem, mais c'est aussi une vaste tour de Babel.

A.S. — Le peuple juif ressemble aujourd'hui à un rayon de soleil qui traverse un prisme : sa lumière se divise, et diverses couleurs apparaissent. Il faut arriver à en faire une seule lumière, alors que ni les rouges et les verts ni les ultraviolets et les infrarouges ne veulent coexister ! Comment concilier tous les particularismes personnels, ethniques, culturels ?

Reconstituer l'unité du peuple, c'est inverser la tendance et réunir dans un projet commun toutes ces entités, dont chacune a sa personnalité propre. Mais attention ! Il ne s'agit pas de les réunir pour en faire une mixture, comme des couleurs qu'on jette sur une toile, mais d'en faire un véritable groupe. De faire de toutes ces histoires particulières une histoire cohérente. Finalement, la cohérence, c'est la véritable signification de ce mot : ENSEMBLE.

J.E. — Nous avons vu que cette « bénédiction du retour » traitait essentiellement de deux attentes : le retour en Terre sainte et la réunification des exilés. Le premier objectif est en cours ; aujourd'hui, sur les treize à quatorze millions de Juifs que l'on dénombre dans le monde, un bon tiers vit en Israël.

En revanche, l'autre objectif — l'unité — est très loin d'être atteint. En Israël, des divisions de toutes sortes — religieuses, politiques, sociales, culturelles, ethniques — sont très fortes, et même inquiétantes pour l'avenir.

A.S. — Notre prochaine tâche, c'est de résoudre ce problème, de réaliser le verset qui dit :

Ensemble, les tribus d'Israël[14] *!*

Notre peuple ressemble à une machine qui a été démontée ; maintenant, il faut la remonter et que toutes ses pièces fonctionnent ensemble. Ce n'est pas seulement un rassemblement : c'est aussi un assemblage.

J.E. — Pendant la longue histoire de la Diaspora, il y a bien eu quelques controverses, mais, dans l'ensemble, le peuple juif paraissait uni sur l'essentiel. En Israël, il est divisé tout comme au temps de la Bible, il y eut de violents affrontements entre les deux royaumes juifs : celui d'Israël et celui de Juda. Y a-t-il une fatalité sur la Terre sainte qui veut que ce soit là précisément que les Juifs s'empoignent le plus ?

A.S. — Israël est une réalité vivante. Certes, il existe un remède facile à toutes les maladies : couper le corps en morceaux et les disperser ! Ainsi, on supprime tous les maux ! Mais quand un corps est un, il y a nécessairement des interactions entre ses divers membres. La tête ressent les douleurs de la jambe, et le cerveau celles de l'estomac. Le corps tout entier est affecté. Mais n'est-ce pas cela que l'on appelle la VIE ?

Les juges d'antan

Ramène nos juges d'antan,
et nos conseillers de jadis.
Epargne-nous tristesse et gémissements.
Règne sur nous, Toi seul,
avec grâce et miséricorde ;
et rends-nous justice selon le Droit.
Loué Sois-Tu, Eternel,
O Roi qui aimes la Justice et le Droit.

    Onzième bénédiction de l'Amida

Je ramènerai tes juges d'antan
et tes conseillers de jadis.
Après cela, on t'appellera ville de Justice,
Cité de confiance.

    Isaïe 1,26.

Josy EISENBERG. — La seconde partie de l'Amida, qui commence avec la bénédiction — l'attente — du retour à Sion, est tout entière consacrée aux espérances collectives du peuple juif. Et il semble bien que l'on soit entré dans une gradation logique : du retour des exilés on passe maintenant, avec la onzième bénédiction, à l'exigence de justice. Le retour était déjà en soi un acte de justice historique : justice était rendue aux Juifs dispersés et à la légitimité de leur patience et de leur foi. Il va s'agir maintenant d'une autre forme de justice, plus quotidienne, et sur la Terre sainte cette fois. Autrement dit : le Retour prend sa véritable signification seulement s'il débouche sur la mise en place d'un véritable *Etat de droit* : l'établissement, rêvé par les prophètes, d'une société de justice.

Cette époque idyllique est dépeinte dans cette bénédiction sous divers traits. Le premier, c'est le retour des juges d'antan, ce qui constitue une indéniable valorisation du lointain passé où la justice était rendue par les juges d'Israël ; en clair, les temps bibliques. Valorisation ou survalorisation ? On est en droit de se poser la question, surtout lorsqu'on pense aux violentes diatribes des prophètes précisément contre les juges. Isaïe ne se contente pas de dénoncer l'absence de justice sociale ; il pourfend le système judiciaire. Les juges sont corrompus, on ne peut plus leur faire confiance ; ce n'est plus le temps des juges, mais celui des assassins !

Comment s'est-elle prostituée,
la ville de la confiance,
toi qui étais pleine de Droit,
asile de la Justice,
et maintenant, repaire d'assassins[1] *!*

Dans ces conditions, que peut bien signifier le retour des juges d'antan ?

Adin STEINSALTZ-EVEN ISRAEL. — Cette demande, aussi étonnante qu'elle puisse paraître, s'explique parfaitement si l'on prend pour référence non point la qualité des juges, mais la signification du fonctionnement du droit juif. Le retour de « nos » juges, c'est exactement l'opposé de ce qui est annoncé dans les « prophéties de malheur » prononcées par Moïse avant sa mort.

Car leur Rocher n'est point comme notre Rocher,
et nos ennemis seront nos juges[2].

J.E. — Le pouvoir de juger, et selon ses lois propres, sera retiré à Israël. Ce sont des juges étrangers — la Bible dit même « ennemis » — qui nous jugeront. Le salut d'Israël exige qu'il retrouve le pouvoir de juger.

A.S. — Ce pouvoir est une des dimensions de l'indépendance retrouvée et de la liberté. Après avoir prié pour le Retour des exilés, nous prions pour la résurrection de notre système de lois. Car c'est le système juridique qui exprime l'indépendance d'un peuple et son identité. Autrement dit : tant que nous sommes dans l'Exil, ce sont des étrangers qui nous jugent, et, effectivement quelquefois, nos ennemis. Ce fut le cas tout au long de l'histoire de la Diaspora.

Nous disons donc à Dieu : « Rends-nous nos juges comme jadis ! » Fasse que nous ne soyons plus jugés par des juges étrangers mais par nos propres juges ! Rends-nous nos juges, nos conseillers et nos lois !

Il s'agit en quelque sorte d'une mesure technique. C'est une des formes d'expression de l'idée qui sera développée dans les prochaines bénédictions : la résurgence, en Terre sainte, d'un authentique pouvoir juif et de la royauté de David. Et cela implique la renaissance du droit juif.

Dieu et mon droit...

J.E. — Vous m'avez rassuré ! Nous ne demandons pas à Dieu de nous rendre les mêmes juges que jadis et qui, selon la Bible, avaient failli à leur mission. Ce serait d'autant plus absurde qu'une des causes de l'Exil, c'était précisément cette faillite ! Ce n'est donc pas du retour des juges qu'il est question ici, mais d'un temps où le droit sera véritablement appliqué.

Bien évidemment, lorsque nous parlons ici de droit, c'est du droit juif qu'il s'agit ; c'est lui que « nos juges » sont chargés d'appliquer. Il y a donc là un postulat extrêmement important : à savoir que le droit, d'origine divine, fondé sur la Bible, serait supérieur à tous les autres systèmes de droit : le droit anglo-saxon ou le code civil et pénal français, considérés comme imparfaits. Voilà qui peut paraître prétentieux, mais qui s'explique sans doute par le caractère sacré que le Judaïsme attribue au concept de justice.

A.S. — Il s'agit effectivement d'une conception très particulière du droit. Le droit moderne ne prétend pas exprimer un droit *véridique* ou naturel, et encore moins un droit d'origine divine. Le droit, d'une manière générale, se présente comme un système quasiment arbitraire qui s'efforce simplement de régler les conflits qui apparaissent au sein des sociétés. Cette conception laisse de moins en moins de place à la pure morale. Car son véritable objectif n'est pas la morale, mais l'efficacité : il s'agit d'abord de faire respecter l'ordre social. C'est vrai pour la plupart des systèmes de droit : ils ont pour fondement l'existence de la police et le désir de préserver l'ordre social.

Une référence biblique éclairera notre propos : c'est la prière d'Abraham en faveur de Sodome. Le Patriarche y interpelle Dieu en tant que « juge de toute la terre » qui ne saurait se soustraire au droit[3]. Or, telle que Sodome est décrite dans la tradition juive, il s'agit bien d'un Etat de droit. Seulement, ce droit est méprisable.

J.E. — Ses lois sont xénophobes et interdisent d'accueillir l'étranger. Cela ressort d'ailleurs parfaitement du texte biblique, où Loth est agressé pour avoir offert l'hospitalité à ses trois visiteurs. Il faut observer que le jugement porté sur Sodome par les rabbins ne concerne pas les mœurs particulières des Sodomites, mais bien leur législation.

A.S. — Nous avons connu d'autres systèmes de droit tout aussi iniques : les lois nazies de Nuremberg ou les lois de Vichy. Autrement dit : le droit exprime une certaine conception de l'*Ordre* sans pour autant que s'y manifeste une véritable exigence de justice. C'est pourquoi, lorsque nous souhaitons le retour de « nos juges et de nos conseillers », il ne s'agit pas seulement de retrouver un droit d'origine divine : il faut également qu'il soit intériorisé par l'exigence morale.

Il y a d'ailleurs un terme étrange dans cette bénédiction. Qui sont donc ces « conseillers » que nous appelons de tous nos vœux ? On pourrait croire qu'il s'agit d'avocats ou de conseils juridiques. Mais ce n'est pas le cas : le droit juif classique ne connaissait pas la fonction d'avocat, et l'interdisait même.

Donc, qui sont ces « conseillers » ? Manifestement, des personnes qui interviennent pour éviter les procès ! Car le droit s'occupe nécessairement de faits accomplis, de conflits qui ont éclaté et qu'il faut juger. Mais nous avons également besoin de conseillers pour *prévenir* les conflits et éviter d'aller en justice. Nous appelons de nos vœux un système qui ne se contenterait pas de dire ce que je ne dois pas faire, mais aussi ce que je dois faire !

O vous juges intègres

J.E. — Certains seront sans doute surpris d'apprendre qu'en droit juif, il ne devait pas y avoir d'avocat. C'est que, selon le Talmud, le tribunal avait à la fois vocation d'accuser et de défendre.

A.S. — En fait, il faut distinguer le droit civil du droit pénal. En matière de droit pénal, il est demandé à tous les juges de défendre l'accusé.

J.E. — De chercher des preuves à décharge.

A.S. — En tout cas, de chercher à comprendre l'accusé. Au civil, c'est différent. Les juges n'ont pas à prendre parti. L'idée d'un tribunal sans avocat repose sur le postulat suivant : le rôle du juge, c'est de *constater les faits*, et non de les interpréter. Car toute interprétation comporte une part de mensonge pour lequel la seule question qui se pose est de savoir s'il est légal ou non ! Le juge se contente d'essayer de déterminer ce qui s'est réellement passé. De ce point de vue, ce juge idéal, dont nous espérons le retour, doit s'efforcer de remplir une fonction qui, selon la Bible, appartient à Dieu.

Car le Droit est à Dieu[4]...

C'est un privilège divin. Le juge est ainsi investi d'une fonction sacrée. Voilà qui peut paraître bizarre, si l'on considère la trivialité des problèmes qu'il doit régler : par exemple, un conflit entre un propriétaire et son locataire ! Mais il est vrai que, dans la Bible, les juges sont appelés *Elohim* !

J.E. — Un des noms de Dieu.

A.S. — Il est écrit :

Le juge (Elohim) fait partie
du conseil de Dieu[5].

Tout se passe comme si Dieu était présent dans le tribunal, comme s'il était assis derrière les juges ! Ainsi, la véritable responsabilité du juge ne se situe pas devant une juridiction d'appel plus élevée, mais devant le *droit suprême* ! C'est pourquoi, quelle que soit la nature des problèmes dont s'occupe le droit, cette transcendance lui confère une valeur métaphysique. Car le juge n'est pas simplement censé organiser et harmoniser les rapports sociaux. Il doit essayer — dans la mesure où un homme peut y parvenir — de rendre ce que l'on appelle « une justice selon la vérité », d'appliquer un droit véritable. Ce que l'on exige de lui, c'est une certaine perfection.

Ce concept — « nos juges d'antan » — et cette exigence de perfection ont leur source dans la Bible. Le beau-père de Moïse, Jethro, lui conseille de chercher des juges qui soient

> *des hommes vertueux, craignant Dieu,*
> *hommes de vérité et détestant la corruption*[6].

On a le droit d'être exigeant lorsqu'on confère aux juges un pouvoir de droit divin et qu'on leur propose un véritable défi : trouver la vérité...

De ce point de vue, retrouver « nos juges d'antan », c'est retrouver notre identité juridique, mais c'est également trouver de vrais juges. Entendons par là : des juges qui soient au niveau de ce qui leur est demandé et qui ne soient pas nommés pour des raisons politiques ou autres.

D'une certaine manière, on prie pour des juges qui seraient des Anges, car, dans toute prière, on demande toujours le maximum. Evidemment, on ne l'obtient pas toujours, mais il est permis de le demander !

J.E. — Cette exigence d'intégrité, les commentateurs en voient la source dans un célèbre psaume.

> *Eternel, qui séjournera sous ta tente ?*
> *Qui habitera ta montagne sainte ?*
> *Celui qui marche intègre, pratique la justice*
> *et dit la vérité en son cœur.*
> *Qui ne prête pas son argent à intérêt*
> *et n'accepte pas de présent aux dépens de l'innocent*[7].

Dans la pensée des prophètes, la fin de l'Exil est d'ailleurs intimement liée à l'établissement d'une société de justice.

Sion sera rachetée par le droit,
et ceux qui y reviendront par la Justice[8].

Le texte de notre bénédiction s'inspire directement de ce même chapitre d'Isaïe.

11ᵉ bénédiction	Texte d'Isaïe
Ramène nos juges d'antan et nos conseillers comme jadis...	*Je ramènerai tes juges d'antan et tes conseillers de jadis.* *Ensuite, on t'appellera Ville de Justice, Cité fidèle*[9].

Il faut d'ailleurs préciser que ces textes bibliques furent les principaux inspirateurs des premiers sionistes de l'ère moderne, qui entendaient créer en Palestine une société fondée sur l'équité et l'égalité. Les exhortations des prophètes d'Israël constituèrent en fait le fondement idéologique du kibboutz.

Entre le droit et la justice

A.S. — La question de la rédemption de Sion par la justice se fonde sur un constat : Dieu constate les injustices, et semble les tolérer ! Mais cette tolérance a des limites : elle prend fin lorsque les pauvres crient !

Quand les humbles sont opprimés
et que les pauvres crient,
alors je me lève, dit l'Eternel[10] *!*

Autrement dit : cela, je ne le supporterai pas davantage !
D'ailleurs, cette idée du droit comme assise de la société, sans lequel elle ne peut survivre, on la trouve au début de la Bible : dans l'épisode du Déluge. Il a été provoqué parce que « la terre était emplie de violence[11] ».

Lorsque la violence supplante le droit, le monde est condamné, et disparaît par l'eau ou le feu.

Cela dit, cette exigence de justice pose un autre problème. Notre bénédiction s'achève par la formule : « O Roi, qui aimes le Droit et la Justice. » C'est un des aspects les plus complexes du « retour des juges » : tout jugement comporte une part de *cruauté*. Lorsqu'on traduit quelqu'un en justice, aussi correcte et légale que soit la procédure, elle est inévitablement destructrice. Le rapport entre le droit et la justice pose problème au juge et à la société tout entière : comment concilier justice et miséricorde, le droit et la charité ?

Il est dit du roi David : « Il accordait Droit et Miséricorde à tout son peuple [12]. »

Comment peut-on faire simultanément l'un et l'autre ?

J.E. — Il faut préciser que le texte biblique utilise ici les deux termes — *michpat, tsedaka* — que nous avons constamment traduits par droit et justice. Mais le second de ces termes — *tsedaka* — signifie aussi charité, qui, pour le Judaïsme, n'est que justice : aussi bien les rabbins ont-ils compris que David réussissait à concilier le droit et la charité : disons, une approche un peu particulière de la justice.

A.S. — Si quelqu'un est coupable, encore faut-il savoir *pourquoi*. En fait, tout juge devrait aussi être psychanalyste et chercher à comprendre les motivations de l'accusé.

Surtout, il devrait se soucier des *conséquences* du verdict qu'il s'apprête à prononcer, et en évaluer toutes les séquelles familiales et sociales. Par exemple, que faire d'un pauvre qui vole ? Le roi Salomon disait : « Ne fais pas honte au voleur qui vole parce qu'il a faim [13]. »

Comment le juger ? Le juge dira : du point de vue de la loi, c'est un voleur ! Il fut un temps, même en France, où l'on pendait pour un vol de pain !

J.E. — C'est l'histoire de Jean Valjean.

A.S. — Il y a là un conflit entre le droit et la justice. D'un côté, comment rendre le pain volé à son propriétaire ; de l'autre, comment traiter le pauvre qui a volé ?

La loi du Roi

J.E. — Cette bénédiction s'achève par une formule qui en dit long : « O Roi qui aimes le Droit et la Justice ! » Mais il y a davantage : pendant les « dix jours du Retour », entre le Nouvel An et le jour du Pardon, on utilise une formule légèrement différente : « O Roi du Droit », qui peut se lire également « O Roi, ô Droit ! » Aussi bien certains commentateurs ont-ils dit que Roi et Droit étaient des termes synonymes ! En Occident, depuis Montesquieu, dans toute démocratie, le pouvoir exécutif est censé être radicalement séparé du pouvoir judiciaire.

S'il en fallait une preuve récente et spectaculaire, il suffirait de se référer à l'affaire Clinton. Or, ici, on semble dire le contraire. Il est vrai qu'il ne s'agit pas, dans cette confusion du pouvoir, d'un roi ou d'un président ordinaire, mais de Dieu !

A.S. — En principe, le roi dispose du pouvoir, et le juge applique la Loi. Mais si la loi est sans pouvoir, elle n'est plus qu'une farce. Elle est vide, comme l'était jadis la Constitution soviétique, qui n'existait que sur le papier. En vérité, parler de « Roi du Droit », c'est tout d'abord affirmer que le roi est soumis au droit, et Dieu n'échappe pas à cette règle ! Souvenons-nous d'Abraham disant : « Le Juge de toute la terre n'accomplirait pas la Justice ! » Nous ne cessons de dire à Dieu : « Tu nous as donné la Loi, donc, Tu es lié à elle ! »

Dans les affaires humaines, affirmer que le pouvoir royal ne saurait être absolu et au-dessus des lois, c'est souhaiter l'avènement d'un roi idéal ! Le vrai roi juif vit dans le droit ; s'il est un despote, il n'est pas un vrai roi juif ! C'est le cas d'Achab.

J.E. — La Bible attribue à ce roi idolâtre une foule de défauts et de perversions. Mais le pire crime qui lui est reproché, et qui le conduira à une mort sanglante, c'est un terrible déni de justice. Il convoite la vigne d'un certain Naboth, qui refuse de vendre la terre de ses ancêtres. Le roi en est très affecté. Sa femme Jézabel lui conseille alors d'ourdir un faux témoignage contre Naboth, qui est exécuté, et le roi confisque sa vigne. C'est un meurtre légal [14].

A.S. — Achab a le droit contre lui. Mais son épouse Jézabel, qui n'est pas juive, n'est pas préparée à accepter la toute-puissance du droit. Elle dit à son époux : « N'es-tu pas le roi ? Pourquoi t'embarrasser du droit ? Tu n'as qu'à promulguer un nouveau droit ! »

Ce qui est intéressant dans ce récit, c'est que même un roi impie ne peut échapper au droit : il lui faut mettre en scène un semblant de justice.

C'est la transcendance du droit qui confère au juge une si énorme responsabilité. Un rabbin disait : « Tout juge doit considérer qu'il a une épée entre les jambes et l'enfer ouvert sous ses pieds. Au moindre faux mouvement, il se blessera ! Et c'est au juge suprême qu'il devra rendre des comptes [15]. »

L'adieu aux larmes

J.E. — Il est une dernière formule, dans cette bénédiction, qui demande réflexion : « Ote-nous tristesse et gémissements. » Elle repose, une fois de plus, sur une promesse biblique : « Les rachetés de Sion reviendront avec allégresse et s'enfuiront tristesse et gémissements [16]. »

On comprend aisément que le retour à Sion engendre la joie et met fin à la tristesse. Mais quel rapport peut-on établir entre l'accomplissement du droit et le tarissement des larmes ?

A.S. — La tristesse et les gémissements expriment ici le désordre social. Ils sont la conséquence de désordres très divers. On peut gémir parce que l'on est victime d'un jugement inique, ou parce que l'on est étranger et jugé selon d'autres critères qu'un citoyen. Comment une société juge-t-elle les étrangers ? Comment résout-elle les conflits familiaux ? Une partie de la tristesse du monde vient de ce que les tribunaux ne sont pas en mesure de juger tous les conflits. Aucun tribunal ne peut dire à un enfant : « On a trop crié après toi ! » Or, la souffrance d'un enfant n'est pas moindre que celle d'un adulte. Autre cas : comment rendre justice à un homme qui, en toute légalité, a toujours été humilié dans son travail ? Le droit ne peut régler toutes ces injustices. C'est bien pourquoi nous appelons de nos vœux un temps où le système judiciaire saura créer un monde sans larmes.

Cette situation, qui peut paraître utopique, est cependant annoncée dans la littérature apocalyptique.

> *Dieu engloutira la Mort à tout jamais.*
> *Il effacera les larmes de tout visage,*
> *et la honte de son peuple de la face de la terre*[17].

Un monde d'où « s'enfuiront tristesse et *gémissements* », c'est un monde parfait qui aura su concilier droit et justice. Il faut que le droit existe, mais il n'est véritablement source de justice que s'il est tempéré par la recherche d'une vérité subjective. Alors, tristesse et gémissements n'auront plus cours sur la terre.

Les racines du mal

Les calomniateurs,
qu'ils n'aient aucun espoir ;
que les fauteurs de mal,
en un instant, disparaissent ;
que tous tes ennemis soient retranchés !
Et que rapidement les méchants
soient déracinés, brisés,
anéantis et subjugués,
vite, de notre vivant !
Loué Sois-Tu, Eternel,
qui brises les ennemis
et subjugues les méchants.

Douzième bénédiction

Josy EISENBERG. — Nous parlons de dix-neuf bénédictions. C'est surtout parce que chacune d'entre elles s'achève par la formule « Béni sois-Tu », que nous traduisons plutôt par : « Loué sois-Tu. » En fait, il s'agit moins de bénédictions que de proclamations — *Tu es le bouclier d'Abraham* — ou de constats : *Tu pardonnes les fautes.* Quelquefois, enfin, il s'agit de vœux et d'attentes. C'est manifestement le cas lorsqu'on aborde la douzième bénédiction, qui a pour thème les châtiments de diverses catégories de malfaisants.

Ce texte a une histoire. Initialement, nous l'avons dit, l'Amida comptait dix-huit bénédictions. La dix-neuvième a été rajoutée et placée entre la onzième — l'exigence de justice — et la treizième : la protection des Justes. Cette place paraît logique : rendre justice et protéger les bons passe nécessairement par le châtiment des méchants.

Adin STEINSALTZ-EVEN ISRAEL. — Cette bénédiction a en effet été rajoutée. Nous savons à peu près quand : à la fin de l'époque du Second Temple, c'est-à-dire vers l'an 60 après l'ère chrétienne.

Remarquons cependant qu'il ne s'agit pas vraiment d'une bénédiction : c'est en fait une malédiction ! Elle a été ajoutée à cause d'une situation historique particulièrement pénible pour le peuple juif, alors que la Palestine était occupée par les Romains.

Fondamentalement, il s'agit d'un texte de malédiction dirigé contre les « hérétiques ». Il faut entendre par là diverses sectes de renégats qui existaient alors soit parmi les Juifs, soit dans les populations étrangères — les païens — qui vivaient en Palestine.

Il faut savoir qu'à cette époque, les sectes juives étaient très nombreuses. A cet égard, précisons tout de suite que ce qui n'était encore que « la secte chrétienne » n'était guère important. En fait, vers l'an 60, la communauté chrétienne comptait encore peu de membres et ne retenait guère l'attention des rabbins. On faisait beaucoup plus de cas d'autres sectes, comme les gnostiques qui faisaient du syncrétisme. Ce n'étaient pas de vrais païens. Ils n'étaient pas convertis à une autre religion : ils étaient en partie juifs, en partie païens. Ce que l'on recherchait, c'était de les expulser des synagogues et de les mettre au ban de la communauté. C'est pourquoi on a rédigé cette formule officielle de malédiction. Il s'agissait de mettre ces gens-là mal à l'aise, non pas tant parce qu'on les maudissait, mais parce que personne n'a envie d'aller prier dans un lieu où l'on vous maudit ! Donc, ces gens-là n'allaient plus prier là où on disait clairement qu'ils étaient indésirables.

L'origine de cette « bénédiction » est donc liée à une situation historique bien particulière.

Soit dit en passant, il y avait quelque chose de similaire, quoiqu'un peu différent, avec le groupe de Koumran qui était aussi plus ou moins « hérétique ». Nous savons par ailleurs que de nombreuses sectes fleurissaient en Palestine au début de l'ère chrétienne. Pour certaines, nous disposons d'informations. Pour d'autres, seulement de généralités. Ce sont tous ces groupes que vise la malédiction. D'ailleurs, une version de ce texte parle non pas de dénonciateurs mais bien de *minim* : les hérétiques.

J.E. — Vous nous permettez de rectifier une idée reçue : on a en effet souvent supposé que le mot *minim* désignait les Chrétiens considérés comme une secte hérétique. Certains voyaient même dans le mot MIN l'acrostiche de *Maamim Beyéchou Hanotsri* : ceux qui croient en Jésus de Nazareth. C'était apparemment l'opinon de la censure chrétienne. C'est pourquoi, dans les livres de prières des Juifs ashkénazes qui vivaient en terre de chrétienté, on a supprimé le mot *minim* et conservé seulement le mot *malchinim* (les dénonciateurs). Ainsi, on pouvait soutenir que c'étaient les dénonciateurs juifs qui étaient visés, ce qui permettait d'éviter les soupçons de la censure.

A.S. — Ces soupçons n'ont aucun fondement dans la réalité historique. Je le répète : les Chrétiens constituaient à cette époque un si petit groupe qu'on ne s'y intéressait pas ! D'autres groupes, comme les Dualistes — qui croyaient en deux dieux : l'un du Bien, l'autre du Mal —, constituaient un danger bien plus sérieux. Tout aussi dangereuses pour le Judaïsme étaient diverses sectes que l'on appelait *minim*. Ce terme signifie littéralement : des « espèces » : c'était une manière de dire qu'il y avait des hérétiques de toutes sortes ! Mais cela ne concernait pas les Chrétiens.

Cela dit, il existe sans doute un rapport très ancien entre les *minim* et les dénonciateurs. Certaines versions comportent d'ailleurs ces deux termes : *minim* et *malchinim*. Mais la censure chrétienne a effacé le mot *minim* (hérétiques, sectaires) pour conserver seulement le terme de « calomniateurs », ce qui n'était d'ailleurs guère sensé ! Le problème posé dans l'Antiquité, c'est que ces diverses sectes ne se contentaient pas d'être hérétiques : elles luttaient aussi contre les autorités juives et leur pouvoir interne. Etant minoritaires, leur seule arme, c'était de les dénoncer aux autorités : c'est-à-dire aux Romains. De telle sorte qu'en vérité : ils étaient à la fois hérétiques et calomniateurs ! Une grande partie de ces hérétiques croyaient à la force du Mal, et donc faire le mal ne leur posait pas de problème !

J.E. — Ce problème de la dénonciation, tout particulièrement auprès des autorités romaines, a beaucoup préoccupé les rabbins du Talmud qui le vivaient quotidiennement. Ils avaient même hébraïsé le mot *délateur*, qui provient du latin, et forgé le mot *delatorin*. On peut citer à cet égard une anecdote qui montre bien à quel point la dénonciation était méprisable aux yeux des rabbins. L'un d'entre eux recevait de temps à autre la visite du prophète Elie. Un jour, un grave problème se posa. Les Romains menaçaient de détruire une ville si on ne leur livrait pas un zélote. Cas de conscience : le rabbin décida de dénoncer le coupable, et le prophète Elie cessa de lui rendre visite en disant : « Suis-je donc l'ami des délateurs ? [1] »

J'ajoute que notre génération, durant la dernière guerre, a connu, hélas ! bien des dénonciations, et que nous sommes bien placés pour partager la répulsion des rabbins de l'Antiquité !

A.S. — Il faut aussi prendre en compte un aspect très complexe de ce problème : à partir d'une certaine époque, la situation des Juifs était anormale. J'entends par ce terme qu'en dehors de rares périodes, en de rares pays, un Juif ne pouvait espérer un jugement équitable.

J.E. — Car ce sont bien les dénonciateurs juifs, les apostats, les renégats, qui sont visés dans cet anathème.

A.S. — Donc, tout dénonciateur juif n'était pas seulement quelqu'un qui transmettait des informations internes au monde de l'extérieur : c'était surtout un traître, qui mettait en péril toute la communauté ! Rien par conséquent ne la retenait de maudire des personnes si peu scrupuleuses.

C'est dans ce contexte qu'il faut comprendre la persistance de cette « bénédiction », et pourquoi nous continuons à la réciter.

Les deux visages du Mal

J.E. — Selon les commentateurs, ce texte vise bien plus que les hérétiques, les calomniateurs ou les dénonciateurs. Au premier abord, il s'agit bien d'*individus* : on parle explicitement des « fauteurs de mal » et des « méchants ». On souhaite leur disparition. Mais, d'une manière plus générale, ce texte se réfère également à des structures *collectives* du Mal. D'une part, il s'agit de l'empire du Mal : ce terme figure dans certaines ver-

sions anciennes, et il désigne l'Empire romain, qui fut longtemps le plus grand ennemi d'Israël. D'ailleurs, les Romains
avaient parfaitement compris ce texte. Avant la censure chrétienne, il y eut une sorte d'autocensure : pour ne pas déplaire
à Rome, on a remplacé le mot *zadone* (l'impiété, le mal) par
zeidim (les méchants). C'était plus vague...

D'autre part, le souhait exprimé ici de voir disparaître l'empire du Mal a également une connotation métaphysique. Il
s'agit du Mal ontologique, que la Cabbale appelle *l'autre côté*.

A.S. — Il faut d'abord rappeler que cette bénédiction a été
surajoutée et souvent modifiée. Il est donc difficile d'en connaître la version originale. Ce que nous récitons, c'est, si l'on peut
dire, une formulation relativement moderne, en tout cas bien
postérieure aux autres bénédictions. Cela dit, il est assez étonnant que l'on parle de faire la guerre au Mal. En effet, dès
qu'un homme entend le combattre, il se trouve, moralement,
dans une situation complexe.

J.E. — Affronter le Mal, c'est aussi le rencontrer...

A.S. — Toutes les autres bénédictions de l'Amida sont *posi-
tives* : elles parlent des choses que nous souhaitons voir *exister*.
Mécaniquement, quand le Bien se réalise, le Mal disparaît !
Mais ici, on déclare ouvertement la guerre au Mal, et c'est
complexe. En effet, comment peut-on faire la guerre au Mal ?
Du point de vue de l'ontologie, quelle est sa réalité ? Lorsque
j'en parle comme de quelque chose qui existe concrètement,
je lui confère du pouvoir. Voilà qui pose un vaste problème
philosophique et théologique : quelle est la place du Mal dans
le monde ?

Il est intéressant d'observer que, selon la Cabbale, chaque
bénédiction est placée sous le signe d'une sephira particulière[2].
En ce qui concerne l'éradication du Mal, c'est la sephira *Kéter* :
la volonté première et créatrice. C'est comme si l'on disait : on
veut détruire le Mal non seulement dans son existence
concrète, mais dans sa racine originelle, l'éradiquer. Revenir à

la volonté première, qui fut manifestement de créer un monde bon.

J.E. — Dans le premier chapitre de la Torah, on ne cesse en effet d'affirmer, à chaque étape de la création, que « Dieu vit que c'était bon ». Pourtant, le Mal existe. Si l'on reste dans la perspective de la Cabbale, où la sephira *Kéter* (la couronne) désigne le royaume de Dieu, c'est tout à fait cohérent : il s'agit de la substituer au « royaume du Mal ».

A.S. — Cette substitution exige de rechercher non seulement les symptômes, mais où se situe la racine du Mal ! Or la racine du Mal est liée, dans une certaine mesure, à la volonté créatrice de Dieu. Tout d'abord, Il a créé les ténèbres.

Au commencement, Dieu créa
les cieux et la terre.
Or la terre était tohu-bohu
et ténèbres[3]...

Le prophète Isaïe le dit explicitement :

Tu as formé la lumière,
créé les ténèbres, fait la paix
et créé le Mal[4] *!*

Mais nous avons modifié ce texte !

J.E. — Isaïe affirme tout uniment que Dieu a créé le Mal en même temps que la lumière. Cette affirmation a en effet paru tellement subversive, en tout cas pour les fidèles ordinaires que nous sommes, qu'ils l'ont en quelque sorte censurée. Nous récitons ce verset chaque jour, mais avec une conclusion profondément modifiée : au lieu du Mal, nous disons *tout* : « Il a fait la paix et *tout* créé ! »

A.S. — C'est comme si nous disions à Dieu : « Et si Tu nous faisais un monde un peu différent, une petite variation afin que le Mal ne puisse plus exister ! »

J.E. — Ce problème est suscité par une situation de réelle nécessité où se trouve une humanité qui n'a pas les moyens de combattre physiquement le Mal, et qui tente de le faire dans une perspective théologique.

Que fait un méchant homme qui décide de devenir un Juste ? Il va combattre les méchants ! Autrement dit, il va utiliser sa propre malignité pour mener ce combat.

A.S. — C'est un peu le problème qui se pose à la police. Désire-t-elle vraiment qu'il n'y ait plus de délinquants ? Dans ce cas, on n'aurait plus besoin de la police ! Souhaite-t-elle éradiquer le Mal ? N'aspire-t-elle pas plutôt à le contrôler ? Il ne s'agit pas seulement d'un problème sociologique : la question du Mal touche à l'essence des choses.

J.E. — C'est sans doute ce qui différencie les policiers des rabbins. Les policiers ne souhaitent peut-être pas éradiquer le Mal ; les rabbins, eux, tentent de ramener les brebis égarées dans le droit chemin.

A.S. — Les rabbins s'interrogent fréquemment : faut-il prier pour que les pécheurs meurent, ou pour qu'ils reviennent à Dieu ?

Il y a une anecdote dans le Talmud concernant Rabbi Meir et sa femme. Il avait de méchants voisins qui le persécutaient et il avait décidé de prier pour qu'ils meurent. Sa femme lui dit : « Il est écrit : "que disparaissent les péchés" ; les péchés, pas les pécheurs ! Prie pour qu'ils se repentent[5] ! »

J.E. — C'est un point absolument fondamental dans la pensée juive. Le prophète Ezéchiel n'a cessé de l'affirmer : « Dieu ne veut point la mort du pécheur, mais qu'il revienne, et vive[6] ! » C'est d'ailleurs devenu une expression proverbiale : nous ne voulons pas « la mort du pécheur ». Nous ne souhaitons pas la disparition des pécheurs, mais du péché.

A.S. — C'est ce qu'expriment les diverses formules que nous utilisons dans nos prières : « que les calomniateurs soient sans espoir » ou encore : « que le Mal parte en fumée ». Nous souhaitons qu'il disparaisse comme la fumée, qui ne laisse aucune trace. Lorsque nous disons : « Pas d'espoir pour les calomniateurs », cela signifie : ils ne peuvent pas espérer que leurs actions mènent où que ce soit. Certes, Baudelaire a consacré un livre aux *Fleurs du mal* ; d'autres écrivains parlent de la *séduction* du Mal ; mais, en fait, les méchants cherchent à obtenir quelque chose qui, pour eux, n'est pas le Mal... Ils considèrent que « c'est bon pour eux », quel que soit le tort qu'ils causent à autrui. Parler de « vaine espérance », c'est dire que si les dénonciateurs ne peuvent obtenir un résultat « positif », ils ne représentent plus rien !

J.E. — Pas d'espoir, cela signifie pas d'avenir. Il n'y a rien à attendre du mal que l'on fait. Donc, cela n'en vaut pas la peine.

A.S. — Le mot *tikva* (espérance) dans ses diverses significations, que ce soit « un fil » (sens concret) ou un but final (sens abstrait), signifie ici que le but n'est pas atteint. Si elle est sans « espérance » la calomnie perd toute valeur. C'est ainsi qu'on peut la détruire.

Collusions

Cependant, cette « bénédiction-malédiction » pose un autre problème : le Mal n'affecte pas seulement la personne qui le perpètre : la personne censée le combattre est également en danger ! C'est le danger qui surgit lorsqu'on veut combattre une personne souillée par le Mal : on ne peut y échapper.

Si je veux tirer quelqu'un d'un égout, je serai nécessairement éclaboussé ! Quand je me collette au Mal, j'entre inévitablement en relation avec lui. Ce problème concerne une longue série de métiers : non seulement les policiers, les juges ou les médecins, mais quiconque s'occupe de combattre le mal. C'est pourquoi la naissance de cette « bénédiction » a une histoire. Il a fallu trouver quelqu'un apte à la formuler. Formuler une bénédiction est chose aisée. Il y a suffisamment de personnes ayant du style qui peuvent la composer ! Il est plus difficile de trouver quelqu'un capable de formuler une malédiction sans pour autant perdre sa pureté ! C'est pourquoi on a choisi un rabbin qui s'appelait Samuel le Petit. Ainsi nommé parce qu'il était à peine plus petit que le prophète Samuel.

J.E. — Il se trouve en effet qu'à la différence des autres bénédictions, dont les auteurs sont anonymes, celle-ci porte une signature. Selon le Talmud, lorsqu'on a décidé d'ajouter une dix-neuvième bénédiction à l'Amida, les rabbins se sont demandé qui était capable de la rédiger. Se pose en effet le problème que vous avez évoqué : la contagion du Mal.

On a donc choisi Samuel le Petit, ainsi appelé, selon les uns, parce qu'il était particulièrement humble ; selon les autres, vous l'avez dit, parce qu'il possédait l'esprit prophétique et qu'il n'en fallait pas moins pour nous prononcer une « bénédiction » pleine de dangers.

A.S. — Ce qui est frappant, c'est que l'on ne connaît qu'un seul enseignement de ce Samuel le Petit.

Lorsque ton ennemi tombe,
ne te réjouis pas ; s'il trébuche,
n'aie pas le cœur en fête[7].

Tel était l'homme chargé de rédiger un texte contre les calomniateurs. Autrement dit : il fallait trouver non seulement un Juste au cœur pur, mais un homme qui visiblement pouvait tolérer les ennemis.

J.E. — Un homme sans haine.

A.S. — Un homme sans haine : c'est l'homme idoine pour parler du mal. Car si l'on avait choisi un homme ayant de la haine, il risquait d'exprimer ses aversions personnelles ! C'est le même problème pour le juge. Quand il prononce légalement une sentence de mort, il y a là, dans une certaine mesure, un élément de sadisme. C'est pourquoi l'on a cherché un homme exempt, autant que possible, de tout élément de haine, et donc apte à maudire les impies. A les maudire certes, mais aussi « proprement » que possible !

Contrôle judiciaire

J.E. — La onzième bénédiction souhaitait le rétablissement de la justice. « Ramène nos juges d'antan. » La suivante nous rappelle que la justice exige aussi le châtiment des méchants et la destruction du mal.

> *Que les fauteurs de mal,*
> *en un instant, disparaissent ;*
> *que tous tes ennemis soient retranchés !*

A cet effet, ce que vous appelez justement une « bénédiction-malédiction » s'achève par une impressionnante série d'impré-cations contre les calomniateurs.

> *Et que rapidement les méchants*
> *soient déracinés, brisés,*
> *anéantis et subjugués,*
> *vite, de notre vivant !*

A.S. — Il existe diverses versions de ce texte. En général, on dit : « déracine, brise, écrase et anéantis ». Dans la version sépharade, inspirée par la Cabbale, on dit : « Brise, anéantis, détruis et *soumets*. » Quatre verbes, car selon la Cabbale, il existe quatre degrés (écorces) du royaume du Mal. Les trois premiers constituent le Mal absolu : les « trois écorces impures ». La quatrième, appelée *noga*, est mixte. Aussi bien les trois premiers verbes « briser, anéantir, détruire » concernent-ils les trois premières écorces, si mauvaises qu'elles sont « irrépara-bles » : il faut les détruire. Mais dans la quatrième, où le Bien et le Mal sont mêlés, il ne s'agit plus de détruire, mais de subjuguer. A cet effet, on se contentera de mettre en œuvre une violence minimale contre le Mal. C'est comme lorsqu'on veut extraire une cellule cancéreuse. On essaie d'opérer le moins possible, d'enlever seulement la partie malade, et de conserver un maximum de cellules saines. Certes, il faudra également les soigner, mais le but, c'est d'enlever ce qui est incurable et de conserver ce qui peut être guéri.

J.E. — C'est un peu la même idée que celle que nous exprimions à propos du péché et du pécheur : détruire la méchanceté mais rédimer les méchants. Ceux qui peuvent l'être. Ce que l'on appelle ici *soumettre* : en quelque sorte, contrôler puis récupérer. Selon le Talmud, les descendants de Hamane, le persécuteur des Juifs, devinrent juifs et étudiaient la Torah ; je crois savoir qu'un petit-fils de Trotski vit au kibboutz. Le but, ce n'est pas la destruction, mais la transformation : que le Mal — le malade — recouvre « la santé ».

A.S. — C'est ce que nous appelons la *réparation*. Dans la Cabbale, on dit : « Atténue le Mal dès sa racine » ; cela consiste à tenter de résoudre le problème du Mal dans ses fondements mêmes. En effet, comme dit précédemment, lorsque l'on est confronté au Mal, on est en danger. Si l'on veut faire la guerre aux ténèbres, il vaut mieux utiliser une torche qu'un bâton !

J.E. — Cette bénédiction est une déclaration de guerre au Mal. Ce qui me frappe, c'est que nous demandons à Dieu, mais à Dieu seul, de mener ce combat : « Détruis, brise, anéantis, soumets. » Tout se passe comme si cette tâche — l'éradication — excédait catégoriquement les capacités humaines et qu'il faille un pouvoir surnaturel pour l'accomplir !

A.S. — Ce problème est lié à ce que l'on pourrait considérer comme une contradiction mais qui n'en est pas une. Il est écrit dans la Torah « Tu ne te vengeras pas [8] ». D'autre part, Dieu dit : « A Moi, la vengeance et le châtiment [9] ! » Dieu dit : « Je m'en charge ! » Mais aux hommes, c'est interdit ! Ici, c'est la même chose. J'appelle une malédiction sur les méchants ; mais je n'agis

pas ! Je confie en quelque sorte cette tâche à l'instance la plus élevée qui puisse exister, et lui dis : « Occupe-t'en... »

Le temps d'un instant

J.E. — Ce recours à une intervention surnaturelle me paraît
confirmé par un terme très significatif de cette bénédiction :
« Puissent les fauteurs du Mal disparaître *en un instant* »
(*régua*), d'un seul coup, comme par enchantement. Nous
reviendrons sur ce terme. Ce qui est clair, c'est qu'il y a là un
phénomène de disparition soudaine et brutale du Mal, alors
que, dans d'autres bénédictions, les choses se font progressivement. Nous verrons bientôt, à propos du Messie, que l'on parle
de germination, de maturation. Ici, c'est tout le contraire. *En
un instant* : même pas en une minute ; le Talmud discute en
effet longuement de ce terme et dit qu'il faut entendre : une
infinitésimale fraction de seconde.

A.S. — Quelqu'un a dit que ce terme (*régua*) dure le temps
de dire *régua* ! On devrait traduire par « moment » : c'est un
bref instant dont la durée ne peut être définie.

J.E. — En Israël, c'est le terme utilisé dans une conversation pour dire : « Un moment ! » En français, on dirait aussi
« minute ! ». Encore que, précisément, le texte du Talmud que
j'évoquais est très précis : *régua*, c'est *six millièmes de seconde*.
Nous essayerons d'expliquer pourquoi.

A.S. — En fait, *régua* signifie une durée indéterminée.
Cet aspect de la prière est lié à la question de la responsabilité de Dieu dans la manifestation du Mal. Au mont Carmel,
le prophète Elie a dit une chose très forte : « Tu as retourné
leurs cœurs [10] ! » C'est l'excuse que les hommes peuvent invoquer lors du jugement céleste. C'est pourquoi la « réparation
du Mal » exige que quelque chose soit changé dans le monde
d'En-Haut, à l'extrémité supérieure des « câbles » qui relient ce

monde au nôtre. Nous disons à Dieu : « Tu as juste besoin de court-circuiter un câble » : celui qui permet au Mal d'exister !

Car l'existence du Mal, en fait, est une anomalie. Il ne devrait pas exister : pourtant, il est actif ! Pour le détruire, il suffirait d'une variation, de changer d'angle, et le Mal disparaîtrait instantanément. Si l'on changeait l'angulation de la réalité, le Mal, qui se trouve sous un autre angle, n'existerait plus. Mais voilà ! Une aussi puissante révolution, les hommes sont incapables de la réussir. Car l'histoire n'avance que très lentement. Seul Dieu a le pouvoir de tout accomplir *en un bref instant*.

J.E. — Instantanément, en effet, et cela nous permet d'expliquer les bizarres calculs des rabbins du Talmud relatifs à la durée de cet « instant ». En fait, dans un certain nombre de textes bibliques, *régua* évoque la colère divine. Les rabbins considèrent que le monde est mené par la miséricorde ; il faut cependant que justice se fasse. Et d'expliquer qu'il y a chaque jour une fraction de seconde de « colère-justice » au sein du temps de la miséricorde. N'est-il pas écrit :

Sa colère, un instant (régua).
Sa (bonne) volonté, la vie[11].

Autrement dit, Dieu désire en permanence nous donner la vie ; mais il distrait un très bref instant de sa « volonté bonne » pour châtier les méchants. Un autre texte biblique conseille :

Cache-toi, presque un instant
jusqu'à ce que la colère soit passée[12].

Les prophètes ont beaucoup parlé du jour de Dieu, souvent traduit par *dies irae* : le jour de la colère. Mais les textes bibliques que nous venons de citer montrent bien que l'amour de Dieu perdure bien davantage que sa colère. Toute la vie pour l'amour ; un jour, réduit à un instant, pour la colère ! Et cet « instant » est encore ramené par les rabbins à une inifinitésimale fraction de seconde.

Bien entendu, ce très bref « instant » est suffisamment dense pour anéantir le Mal en coupant ses racines, ou ses « câbles », pour reprendre votre image.

A.S. — Dans le monde d'En-Haut, le Mal peut être aboli « instantanément », court-circuité en quelque sorte, alors qu'ici-bas, il nous paraît très grand. On peut illustrer cela par l'exemple de l'ombre portée. Si je mets un petit objet devant une lumière, il va produire une grande ombre. C'est ce qui se passe avec l'éclipse du soleil. Il suffit d'un objet relativement petit pour masquer la lumière et créer une ombre énorme !

J.E. — Il suffirait en quelque sorte que Dieu modifie l'ADN du Mal pour qu'il change de nature : voilà qui exprime que l'on s'en remette à Lui, et à Lui seul, pour déterminer le *régua* qui suffirait pour opérer cette mutation. Il y a d'ailleurs, à ce propos, une anecdote très intéressante dans ce même passage du Talmud qui traite de la nature et de la durée du *régua*. Quand se situe-t-il ? Les rabbins répondent : dans ce très bref instant, au matin, où la crête du coq blanchit légèrement. Or un rabbin, Rabbi Yehochoua ben Lévi, avait des voisins, apparemment des hérétiques, qui lui faisaient des misères. Il décida de demander à Dieu de les punir et guetta donc le moment propice à cette prière. Mais il s'endormit et comprit que Dieu ne désirait pas ce type de prière !

A.S. — C'est précisément notre problème. En priant pour l'éradication du Mal par Dieu, c'est comme si nous disions : « Laisse-donc le patron faire ce travail ; il n'a pas besoin que tu l'aides à faire du mal. Il y a déjà assez de mal ici-bas ! »
On assiste au même phénomène lorsqu'on regarde l'envers du décor : la magie, la sorcellerie, la magie noire. Ces sciences reposent sur l'idée qu'il existe quelque part une sorte de point noir sur lequel on peut construire tout un monde ténébreux !
Les hérétiques, les calomniateurs, les méchants : tout cela, c'est une sorte de magie noire ! J'essaie de la déraciner, de lui ôter tout fondement. Cela peut se faire durant un bref instant

d'obscurité où le monde devient ténèbres. Mais durant ce bref instant, il vaudrait mieux que je dorme !

Les ennemis de Dieu

J.E. — Je voudrais, en conclusion, faire deux observations. Tout d'abord, il faut dire que cette bénédiction, à bien des moments de notre histoire, avait pour les Juifs une signification concrète et actuelle. Les persécuteurs et les dénonciateurs, ils les voyaient dans leur quotidien. Moi-même, étant enfant et caché dans un collège, j'ai été dénoncé à la milice par mes condisciples. Cette bénédiction a certes une signification métaphysique — l'éradication du Mal —, mais il ne faut jamais oublier combien elle fut aussi tragiquement inscrite dans la réalité de l'existence juive.

D'autre part, il y a un terme très fort dans ce texte : « que *tes* ennemis disparaissent ». Tous ces hérétiques et dénonciateurs, persécuteurs d'Israël, sont tout à coup définis non pas comme les ennemis d'Israël, mais comme ceux de Dieu ! Il semble bien que le Judaïsme considère que c'est la même chose : attaquer Israël, c'est attaquer Dieu !

A.S. — Cette idée existe déjà dans la Bible, et elle a été reprise dans toute notre littérature. A savoir : dans tout antisémitisme, il y a deux niveaux. D'une part, on cherche à justifier la haine : ici, en traitant les Juifs de communistes, et là, de capitalistes. Ici, en les taxant de nationalisme, et là, de cosmopolitisme. Il peut d'ailleurs arriver qu'on accuse les Juifs d'être à la fois l'un et l'autre, ou encore d'être détachés de la culture générale, tout comme de l'accaparer !

Là, nous sommes encore dans une certaine rationalisation. Mais à un autre niveau, « nos ennemis » sont *tes* ennemis ! C'est que le Juif apparaît souvent, pour un certain monde — quelquefois inconsciemment —, comme une sorte de représentant de Dieu ! On ne le hait pas pour ce qu'il fait, mais pour ce qu'il représente. C'est ce que nous nous affirmons en récitant le verset : « Pour toi, on nous tue chaque jour[13]. » Cela veut dire : *Pour Ton compte, non pour le nôtre !* Nous ne sommes pas pires que les autres peuples, et pourtant, nous sommes considérés comme tels ! Cela est clairement exprimé dans un étrange document, paru en 1938, qui émane d'un ami d'Hitler : Rauschning. Il a écrit un livre d'entretiens avec Hitler où il lui demanda, amicalement : « Qu'as-tu contre les Juifs ? Pourquoi tant de haine ? » Hitler répondit : « Je ne puis pardonner aux Juifs d'avoir introduit la morale dans le monde. » Autrement dit : Hitler savait bien que toutes les accusations qu'il portait étaient mensongères — de simples prétextes qu'il avait lui-même forgés. Cela dit, il est clair que les Juifs représentent des valeurs supérieures, non pas qu'ils le soient eux-mêmes, mais ils en sont le symbole. Parler des « ennemis de ton peuple » c'est trivial. En fait, ce sont « Tes ennemis ! ». Ce que nous disons à Dieu dans cette prière, c'est : « Laisse-nous en dehors de la partie ! nous ne sommes qu'un instrument, une façade. Ce n'est pas moi qu'ils haïssent, mais Toi ! Règle tes comptes : ce sont les tiens et non les miens ! »

J.E. — Les rabbins ont tiré une conséquence pratique extrêmement importante du sens profond de cette prière : éradiquer le Mal sans pour autant détruire physiquement les pécheurs. Les rédimer en les soumettant, c'est même l'ultime vœu de la douzième bénédiction.

Loué Sois-Tu, Eternel, qui brises les ennemis
et soumets les méchants.

Ici, on peut donner à ce concept de soumission un sens un peu particulier : les *inclure.* C'est pourquoi les rabbins ont dit qu'un miniane — le quorum de dix personnes requises pour pouvoir célébrer l'office public — n'était possible que s'il y avait « au moins un pécheur au sein du groupe [14] ».

Avec votre humour coutumier, vous allez me dire que sur dix Juifs, il ne doit pas être très difficile de trouver un pécheur ! Il reste que les rabbins ont trouvé une référence significative à cette exigence : au Temple de Jérusalem, l'encens était constitué de onze essences différentes, toutes odoriférantes, sauf une

— le galbanum — qui sentait très mauvais... On ne saurait mieux dire.

A.S. — C'est ce qu'exige tout grand art, qu'il s'agisse de musique ou de peinture : il faut toujours y introduire une certaine dissonance. Sinon, tout est trop suave ! Ici aussi, on a besoin d'une certaine dissonance. Quand nous parlons de « détruire les ennemis, les soumettre », nous ne rejetons pas la dissonance. C'est la même chose pour l'encens apporté au Temple, il devait avoir un parfum exceptionnellement odoriférant. Mais on y introduisait une plante extrêmement malodorante. Il faut cette dissonance, qui existe d'ailleurs dans tout parfum moderne. Mais n'oublions pas que cette dissonance devrait être minime, comme « soumise » aux autres ingrédients : c'est alors seulement que « l'odeur » est parfaite !

Question de confiance

Pour les Tsadikim : les Justes,
pour les 'Hassidim : les Pieux,
pour les Anciens de ton peuple, Israël,
pour les scribes rescapés,
pour les convertis sincères,
et enfin pour nous tous :
que s'éveille Ta compassion.
Accorde une bonne récompense
à tous ceux qui te font sincèrement confiance.
Puisse leur lot être le nôtre,
et que nous ne soyons pas déçus :
car en Toi nous avons confiance.
Loué sois-Tu Eternel,
appui et assurance des Justes.

Treizième bénédiction

Josy EISENBERG. — Le noyau central de l'Amida a un dénomi-
nateur commun : l'exigence et la quête de justice. D'abord
l'émergence de « vrais » juges et d'un droit équitable ; puis la
sanction du Mal : il faut que la justice passe. Elle exige aussi
que les bons soient récompensés. C'est le sens de la treizième
bénédiction, qui appelle la protection divine sur diverses catégories de croyants.

Chacun des termes de cette liste — les Justes, les Pieux,
etc. — fait référence à des formes très précises de piété ou de
foi.

Commençons par les Justes : en hébreu, les *Tsadikim*.

Adin STEINSALTZ-EVEN ISRAEL. — Dans le Judaïsme, le terme
tsadik, que nous traduisons par « juste », désigne en réalité
divers types de personnes. Parlons d'abord de ce que ce terme
signifie à l'origine, lors de la rédaction de cette bénédiction, en
observant que, plus tard, ce terme a pris une dimension bien
plus vaste.

J.E. — Notamment à partir du dix-huitième siècle, avec
l'apparition du Hassidisme.

A.S. — Au sens premier, le *tsadik* c'est « celui qui fait ce
qui est juste ». C'est le sens que l'on donne à un verset qui a
joué un rôle très important dans la pensée juive : « Le Juste est

le fondement du monde[1]. » Etymologiquement, le concept de *tsadik* est dérivé de celui de justice : *tsédek*. Le Juste, c'est celui qui agit selon la justice. Dans notre bénédiction, nous différencions les Justes des Pieux (*'Hassidim*). Ce second terme désigne un tout autre type de personnalité, assez complexe : nous en reparlerons. Mais la définition du Juste, elle, est très simple : *il fait ce qui est juste.*

J.E. — Tout juste ce qui est juste ?

A.S. — En effet, on n'attend rien de plus de lui ! Ajoutons que Dieu, lui aussi, est appelé Tsadik, Juste ! Par exemple, dans les Psaumes : « L'Eternel est juste dans toutes ses voies[2]. » Donc, être un Tsadik, c'est d'abord agir comme il faut.

J.E. — On peut trouver une excellente définition du Tsadik dans le Psaume quinze, où l'on énumère toutes sortes d'expression de droiture : « marcher avec intégrité, accomplir la justice, ne pas calomnier ». Le Tsadik, c'est apparemment tout d'abord quelqu'un qui respecte strictement la Torah, c'est-à-dire la Loi.

A.S. — Il observe la Loi, mais pas au sens qu'on lui donne généralement en Occident, où la Loi me dit essentiellement ce que je ne dois *pas faire*, et rarement ce que je *dois faire* ! D'ailleurs, même dans ce cas, on ne respecte guère ses obligations, par exemple, en matière fiscale. A la différence des lois civiles, qui comportent surtout des interdits, la Torah, la Loi juive, nous impose de multiples obligations. C'est dans ce sens que l'on dira : « Le Juste est celui qui fait ce qu'il *faut faire* », et non le contraire.

Il est écrit : « Les voies de Dieu sont droites, les Justes y marchent[3]. » Le mot clé du Tsadik, c'est la droiture : le Juste suit le *droit* chemin. On peut lui faire confiance, on peut croire en lui.

Si l'on parle ici de Justes au pluriel, c'est qu'il y a plusieurs catégories de Justes. D'un côté, le « petit » juste : il fait son devoir, mais petitement... De l'autre, des Justes dont on dira qu'ils soutiennent le monde entier !

J.E. — A eux seuls, ils justifient l'existence du monde...

A.S. — A tout prendre, le Juste ne fait rien qui sorte de l'ordinaire : il suit simplement le droit chemin. Il semble cependant que ce ne soit pas si simple, si l'on en juge par le nombre de gens qui s'en écartent !

Le Juste décide : Dieu s'exécute

J.E. — On peut, historiquement, distinguer deux types de Tsadik. Dans la Bible, ce terme a d'abord une valeur juridique : le Tsadik est celui auquel le tribunal donne raison au cours d'un procès. Il est innocent : il n'a commis aucun mal. Dans les Psaumes, le sens sera un peu élargi : c'est l'homme juste accablé par les méchants. Mais c'est toujours une question de justice.

En revanche, dans le Talmud, le Tsadik a une tout autre envergure. C'est une figure charismatique. Il prie pour son peuple ; il a l'oreille de Dieu. On va jusqu'à dire : « Le Juste décide, et Dieu exécute[4]. » On est tenté d'écrire : *s'exécute !* A partir du dix-huitième siècle, avec le Hassidisme et ses grands maîtres généralement qualifiés de Tsadikim, la figure du Juste a pris une dimension encore plus vaste, et qui persiste jusqu'aujourd'hui dans certains milieux. Le Tsadik est devenu le suprême intercesseur, et on lui attribue d'énormes pouvoirs.

A.S. — C'est vrai, mais quelle qu'ait été l'évolution du concept de Tsadik au cours des temps, le sens premier n'a pas changé. Et cela reste vrai pour les diverses spéculations que l'on a faites sur le nombre de Justes qui existent dans chaque génération : dix-huit mille selon les uns, trente-six selon les autres... !

J.E. — Il y a en effet diverses théories sur ce point ; la plus récente, et la plus courante, c'est en effet celle des trente-six Justes sur lesquels repose le monde et sans lesquels il ne mériterait plus d'exister. Ce thème a été illustré en France par un livre célèbre d'André Schwartz-Bart : *Le Dernier des Justes.*

A.S. — Bien entendu, la vraie question, ce n'est pas la quantité de Justes, mais leur authenticité. Extérieurement, un homme peut sembler parfait : selon la Loi, il est juste.

J.E. — On ne peut lui reprocher aucune faute.

A.S. — Mais personne, sauf Dieu, ne sait ce qui se passe dans son for intérieur ! Qu'un homme soit juste intérieurement comme il paraît l'être, vu de l'extérieur, c'est un peu plus complexe ! Si l'on est allé jusqu'à dire que Dieu confirme ce que le Juste décide, c'est parce qu'un homme, qui n'est somme toute qu'un homme, et suit cependant le droit chemin, ce n'est pas banal ! Tant de constance, alors que, par nature, nous sommes des êtres inconstants, avec des hauts et des bas ! Si l'on dit d'un homme qu'il est un Juste et maintient le monde, c'est qu'un tel homme dispose de pouvoirs particuliers pour avoir réussi cette chose paradoxale : être à la fois un homme et un Juste !

J.E. — A vous entendre, c'est mission impossible.

A.S. — Dans l'Ecclésiaste, il est écrit : « Il n'y a pas d'*homme juste* qui fasse le Bien et ne pèche jamais [5]. » C'est généralement vrai. Devant un tribunal humain, nombreuses sont les personnes qui pourraient être qualifiées de Justes.

J.E. — C'est-à-dire des personnes qui n'ont commis aucun délit. Le mot *tsadik,* dans certains textes bibliques, signifie d'ailleurs *innocent.* Mais être innocent — sans faute — ce n'est pas la même chose qu'être juste. Ne pas faire le mal, ce n'est qu'une partie du programme.

A.S. — Sur terre, on peut parler de Justes : mais lorsqu'on se présente devant le tribunal d'En-Haut, il y a beaucoup moins de Justes ! Car il ne leur est pas seulement demandé d'éviter le Mal : ils doivent aussi faire le Bien. Le texte de l'Ecclésiaste le dit clairement : « Qui fasse aussi le Bien et ne pèche jamais. »

Une précision me paraît cependant s'imposer : en français comme dans d'autres langues, le Tsadik n'est pas un saint. Il est simplement, si l'on peut dire, un homme qui fait ce qu'il doit faire ! Et ce n'est pas si facile ! Il est même quelquefois plus simple d'être un saint que d'être un Juste ! C'est pourquoi, lorsqu'un vrai Juste demande quelque chose, Dieu dit : « C'est un homme exceptionnel, je suis d'accord pour lui céder ! » Qu'un ange soit juste ne pose pas de problème. Qu'un homme, dont on a dit « il n'y a pas d'*homme juste* », soit à la fois homme et Juste, c'est autrement complexe !

J.E. — Il faut dire que cette idée — les Justes peuvent sauver le monde — se trouve déjà dans la Bible. Dans la fameuse prière d'Abraham, le Patriarche demande à Dieu d'épargner Sodome s'il s'y trouve dix Justes[6]. Il ne dit pas « dix saints » mais bien « dix Justes ». C'est donc une idée très ancienne, bien antérieure au Talmud qui parle fréquemment du pouvoir de tel et tel Juste, comme Houni le cercleur qui prie si fort que la pluie tombe, ou encore Hanina ben Dossa qui se nourrissait d'un caroube par semaine et dont Dieu dit : « Le monde entier se nourrit de Hanina, et lui se nourrit d'un caroube[7] ! »

A.S. — Le Juste est capable de briser les lois de sa nature interne : c'est pourquoi il est également capable de briser les lois externes de la nature.

Si le Juste est doté d'un tel pouvoir, c'est parce que la Justice est, dans le Judaïsme, une valeur très fondamentale, avec son complément 'Hessèd (la charité, la bonté, l'acte gratuit). Il s'agit au demeurant de deux vertus très dissemblables. 'Hessèd, c'est comme une explosion : les limites de mes obligations sont éclatées, je fais ce que rien ne m'oblige à faire. La justice est tout le contraire de cette explosion : elle consiste à maintenir harmonie et équilibre. Nous sommes dans le classique, non dans le baroque. Chez le Juste, rien de saillant. Cette extrême simplicité est une forme d'esthétique que seul un connaisseur peut apprécier. Le Juste n'a pas de halo de lumière, et il faut avoir bon goût pour le comprendre.

Au-delà de la Loi

Pour les Justes, pour les Pieux,
pour les Sages de ton peuple, Israël,
pour les scribes rescapés,
pour les convertis sincères,
pour nous tous,
veuille bien s'éveiller
Ta compassion...

J.E. — Dans cette bénédiction, on appelle la compassion divine sur plusieurs catégories : *les Justes, les 'Hassidim, les convertis, les scribes*. Après les Justes, il est question de *'Hassidim*, un terme difficile à traduire, et qui a pour étymologie le concept de *'Héssèd* — grâce, bonté, amour gratuit — que nous venons d'évoquer. Par *'Hassidim* on désigne aujourd'hui un ensemble de communautés très diverses, à l'allure particulière, et dont la piété et les formes du culte s'enracinent dans le Hassidisme moderne, apparu en Europe de l'Est au dix-septième siècle. Mais nous savons qu'à diverses époques il y eut des groupes de Juifs qui se dénommaient 'Hassidim et cela, dès l'époque talmudique où l'on parle des « anciens 'Hassidim » et de leur grande piété. Qu'est-ce qui différencie les 'Hassidim — appelons-les « les Pieux » par commodité — des Justes ?

A.S. — La définition du 'Hassid se rapproche beaucoup de celle du saint. Au temps du Talmud, quand fut composée cette prière, il s'agissait d'êtres exceptionnels. Le 'Hassid est une personne prête à renoncer à ses droits, à ce qui lui est dû. Donc, c'est quelqu'un qui fait non seulement ce qu'il *doit faire* mais *davantage* ! Quelqu'un qui est en dehors des normes.

D'une part, il respecte toutes ses obligations. C'est important. On ne peut être 'Hassid — faire *plus* — si l'on n'est pas Tsadik : faire ce que l'on doit. Il y a là comme une sorte de progression : d'abord, on est Tsadik, on observe la Loi, puis on peut devenir 'Hassid : car il va de soi qu'on peut aller au-delà de ses obligations seulement lorsqu'on les a remplies.

J.E. — Je vous propose un exemple. Selon la Loi, on doit donner aux pauvres — jadis aux Lévites — un dixième de ses revenus : la dîme. Le Talmud dit qu'on peut cependant aller jusqu'à un cinquième. Dans un certain sens, on pourrait dire que si l'on donne un dixième, on est Tsadik, et si l'on donne un cinquième, on est 'Hassid.

A.S. — Le 'Hassid, c'est celui qui donne plus que ce qu'il doit. Dans le Zohar, on le définit ainsi : c'est quelqu'un qui aime son père plus que soi-même ! Si on le compare au Juste, on dira que le Juste établit avec Dieu un lien de réciprocité : « Je fais ce que Tu veux, et Toi, fais ce que je veux ! » Le 'Hassid, lui, ne demande rien pour lui-même. C'est rare, d'autant plus qu'il n'a aucune « compensation » : on ne peut pas dire qu'il pèche plus que les autres !

J.E. — Renoncer à ce à quoi l'on pourrait prétendre, c'est faire acte de *hassidout*, que l'on pourrait traduire par piété. Je pense à un autre exemple. La Loi juive prévoit qu'en cas de litige financier, le créancier doit jurer qu'on lui doit de l'argent. Fréquemment, parce que l'on invoque le Nom divin dans le serment, des Juifs religieux préféraient renoncer à leur dû que de prêter serment ! Ils méritaient certainement le nom de 'Hassid.

A.S. — Il faut cependant préciser qu'à l'époque talmudique, le qualificatif de Juste n'a été attribué que très rarement : à quatre ou cinq personnes, tout au plus. Et il en fut de même tout au long de l'histoire. Cependant, dans l'Antiquité, il y eut tout un groupe qui fut appelé 'Hassidim : à savoir les Juifs religieux qui luttèrent contre le paganisme au temps des Hasmonéens. Ces hommes ne se contentaient pas d'observer les Commandements : ils étaient prêts à combattre et à mourir pour la Loi. Dans ce cas-là, être 'Hassid n'a évidemment rien à voir avec le fait d'avoir bon cœur. C'est une autre manière de se dépasser, de faire plus que ce qui nous est demandé. En quelque sorte, de faire pour Dieu un acte gratuit.

J.E. — On trouve dans le Talmud une définition très précise du 'Hassid : *Hamithassed Im Kono.* C'est presque intraduisible : celui qui fait des « gracieusetés » à son Créateur. On revient à l'acte gratuit.

A.S. — Il existe une belle histoire hassidique dans ce sens. Un Juif énumère ses fautes le jour de Kippour. Il dit à Dieu : « Si je mets d'un côté toutes les misères que Tu m'a faites, et de l'autre tous les commandements que j'ai accomplis, il me semble que Tu me dois la monnaie ! Mais comme je T'aime, j'y renonce, et nous sommes quittes ! »

C'est cela, la nature du 'Hassid. Son rapport à autrui n'est pas fondé sur l'obligation, mais sur l'amour. C'est pourquoi, dans la bénédiction, on progresse en passant des Justes aux 'Hassidim. Dans la vie, il y a des gens qui réussissent, qui ont du talent ; et puis, il y a ceux qui ont du génie. La différence entre le Tsadik et le 'Hassid, c'est un peu la même qu'entre un homme parfait, mais parfaitement normal, et un génie. Il y a un saut ! Il y a d'ailleurs un peu de romantisme à dire : « Je ne me satisfais pas d'être un Juste : je veux être 'Hassid ! Je veux aller plus loin. » Dans un certain sens, c'est dangereux, prétentieux, ambitieux ! Mais cela donne des hommes qui cherchent autre chose. On cite souvent ensemble les Justes et les Pieux : mais, en fait, la balance n'est pas égale.

Des hommes politiques aux intellectuels

J.E. — Continuons notre énumération. Il y a là une sorte de gradation : les Justes, les Pieux, et maintenant les « Anciens d'Israël ». Ce terme, emprunté à la Bible, désigne généralement les Sages. En quoi sont-ils supérieurs aux 'Hassidim ? Certains expliquent que c'est parce que les Sages ont des responsabilités que n'ont ni les Justes ni les Pieux.

A.S. — Tout d'abord, quand on parle des « Anciens d'Israël », ce n'est jamais une question d'âge. Et cela ne signifie pas davantage que ce sont des savants. Depuis la Bible, notamment dans le livre de l'Exode, ce terme désigne toujours les dirigeants du peuple. Donc, on part d'abord de personnes privées : les Justes, les Pieux ; puis on cite un tout autre type de personnes : celles qui ont des responsabilités communautaires sans être ni Justes ni Pieux ! Certes, il arrive qu'ils le soient ! Mais ce n'est pas la même chose d'être un Juste ou un Pieux à titre privé, ou d'être un leader. C'est une tout autre responsabilité. Quelquefois, quand on devient un dirigeant, on cesse d'être Juste et plus on a de pouvoir, moins on est homme !

J.E. — Ce que vous dites ne concerne évidemment pas seulement la vie communautaire. Cela me paraît s'appliquer aussi à la politique.

A.S. — Bien entendu, cela concerne la politique, comme toutes choses. Avoir le pouvoir et être un Juste, c'est un peu une contradiction interne ! C'est comme ce que nous disions à propos des calomniateurs : qui a le droit de maudire ? De même, qui a le droit de commander ? De faire exécuter ses ordres par autrui ? De gouverner, de juger, et quelquefois de condamner à mort ? Soit un tel homme est un charlatan, dénué de tout sens moral ; soit, s'il est vraiment un Juste, il est alors confronté à un grand problème : être assis entre deux mondes, le monde réel des hommes, et celui où il faut rester Juste. On a souvent dit qu'un chef ne pouvait pas être un juste. Il y a un très beau commentaire qui explique pourquoi la Tradition juive attribue un tel pouvoir aux Justes : c'est parce qu'ils sont, dit-on, aussi proches de Dieu que l'oreille est proche de la bouche. Dieu est l'oreille, et le Juste la bouche ! De la bouche à l'oreille — de bouche à oreille — il n'y a pas de grande distance. Donc, Dieu écoute ce que dit le Tsadik.

J.E. — Nombreux sont les textes qui valorisent et les Justes, et les Pieux, et les Anciens d'Israël. On va même jusqu'à dire que, quelquefois, Dieu n'accède pas immédiatement à leurs désirs parce qu'il attend qu'ils prient ! Parce qu'il aime les prières des Justes !

Il y a maintenant une quatrième catégorie de personnes pour lesquelles on prie : les scribes.

Pour les Justes, pour les Pieux,
pour les Anciens d'Israël,
pour les scribes survivants,
que s'éveille Ta compassion.

Le terme de scribes se réfère à une catégorie particulière de sages qui vivaient à l'époque du second Temple.

A.S. — Il s'agit effectivement à l'origine de ces scribes-là, ce qui prouve d'ailleurs à quel point cette prière est ancienne. En effet, ces scribes vivaient au temps d'Ezra — le grand réformateur — dont les rabbins ont dit qu'il était aussi grand que Moïse ! Et il s'appelait Ezra le Scribe. Ces scribes furent les premiers à être non seulement des dirigeants, mais à construire la Loi orale. Ils ont édifié notre système de lois. Donc, ils sont supérieurs aux chefs politiques, même aux plus grands d'entre eux. De plus, ils émanaient du peuple. Ils appartenaient à ce grand groupe des premiers rabbins que l'on a appelé la Grande Assemblée

J.E. — Ces scribes furent en fait les premiers rabbins Vous disiez qu'on leur doit la construction de la Loi orale ; mais on leur doit aussi la Loi écrite, autrement dit la Bible. N'oublions pas que le terme de scribe (*sofer*) provient d'une racine qui signifie *compter*. On dit qu'ils comptèrent toutes les lettres de la Torah, et préservèrent ainsi l'intégralité des Ecritures.

A.S. — C'est vrai. Ils avaient le souci du texte. Ce sont eux qui ont établi le canon biblique, et dit ce qui était sacré pour l'éternité. Mais ces gens-là n'existent plus. Ce qui subsiste, c'est ce qu'on appelle ici « les survivants des scribes ».

J.E. — Je dirais : leurs lointains héritiers, même s'ils n'ont évidemment pas les mêmes fonctions.

A.S. — Autrement dit : il y a encore, de temps en temps, des gens qui remplissent cette fonction. On a dit que Maïmonide était un de ces « survivants des scribes ».

J.E. — On peut peut-être donner, historiquement, un sens un peu plus précis à cette bénédiction et notamment à cette expression : les survivants, littéralement les *rescapés*. Car cette bénédiction a été rajoutée au temps des persécutions romaines, où furent tués de nombreux rabbins. Le Talmud rapporte que la Tradition fut sauvée par un rabbin qui la transmit en catastrophe avant de mourir percé de flèches. Il s'appelait Yehouda ben Bava. Sans doute, en parlant des rescapés, notre texte fait-il d'abord allusion à quelques maîtres rescapés qui sauvèrent la Tradition.

A.S. — Rabbi Yehouda ben Bava mourut en effet pour que la génération suivante ait encore des maîtres pour l'instruire. Le terme de « rescapés » a d'ailleurs son origine dans la Bible où l'on parle souvent des « rescapés des catastrophes ».
Néanmoins, nous ne vivons plus à cette époque, et par *rescapés,* il faut entendre : il y a eu très peu d'hommes, depuis l'Antiquité, comparables aux scribes et dignes de porter ce nom comme Ezra. Peut-être que Maïmonide ou Joseph Caro étaient de vrais « scribes »[8].

J.E. — Vous citez deux grands codificateurs de la loi juive. Donc, selon vous, on appelle « scribes » ceux qui, à l'instar d'Ezra, ont bâti un système de lois.

A.S. — Effectivement. De temps à autre apparaissent de grands législateurs. La progression des catégories citées dans notre texte tend à dégager une sorte d'élite : les Justes, les Pieux, les chefs, les scribes : ces derniers sont les moins nombreux. Des chefs, il y en aura toujours ! Mais où sont les scribes d'antan ? Et enfin, paradoxalement, on parle des « convertis de justice ».

Les convertis de justice

Puisse Ta compassion s'éveiller
pour les Tsadikim : les Justes,
pour les 'Hassidim : les Pieux,
pour les Anciens de ton peuple, Israël,
pour le reste des scribes
et pour les convertis de justice.

J.E. — Le Talmud appelle « convertis de justice » les prosélytes qui entraient dans la communauté juive par amour de Dieu et désir d'observer la Torah, par opposition à diverses formes de conversion par intérêt personnel. Le fait que l'on prie pour eux et, surtout, la place qui leur est accordée dans cette bénédiction, où l'on suit une véritable progression qui semble les porter au pinacle, manifestent de façon éclatante l'amour qu'on leur porte, ou, en tout cas, qu'on devrait leur porter.

A.S. — Il y a un texte rabbinique qui explique cet amour. On y pose la question suivante : pourquoi y a-t-il dans la Torah tant de commandements relatifs à l'attention que nous devons porter aux prosélytes ?

J.E. — Une brève précision : c'est le même terme — *guer* — qui désigne le prosélyte et l'étranger. Le prosélyte est toujours un étranger, venu d'un autre peuple, et qui entre dans le peuple d'Israël. Toutes les lois de la Bible qui traitent du *guer* concernent donc à la fois le simple *étranger,* vivant parmi les Juifs, l'immigré en quelque sorte, et le *prosélyte*.

A.S. — En plus des obligations que nous avons envers tout Juif, la Torah nous ordonne de l'entourer d'un amour et d'une affection particulière. Quiconque outrage un prosélyte commet une double transgression : il l'humilie en tant qu'homme et en tant que prosélyte. Pour expliquer cela, on recourt à une métaphore qui dit clairement les choses. Un roi avait un troupeau de milliers de moutons. Un jour, un cerf s'est mêlé à ce troupeau et a partagé ses pâturages et ses déplacements. Le roi dit aux bergers : « Vous voyez ce cerf ? Occupez-vous de lui, et veillez à ce qu'aucun mal ne lui soit fait ! » Les bergers répondirent : « O roi, pourquoi tant d'égards pour ce cerf ? » Le roi dit : « Mes moutons n'ont pas le choix : ils doivent vous suivre, et rentrer au bercail. Mais ce cerf était libre d'aller où il voulait et puisqu'il a choisi mon troupeau, il mérite des égards particuliers. »

C'est exactement ce qui se passe avec le prosélyte sincère. Les premières catégories citées dans la prière sont des personnes soumises, de naissance, à la Loi juive : les Justes, les Pieux, etc. Mais voilà une personne qui vit dans son propre monde. C'est un monde « normal », auquel on ne peut rien reprocher. Et, soudain, cette personne prend sur soi les lois particulières du Judaïsme et les souffrances inhérentes à la condition juive ! Elle mérite bien des honneurs particuliers. C'est pourquoi les prosélytes sont cités ici comme le degré suprême : ils ont librement choisi, alors qu'ils n'étaient pas nés juifs et n'avaient aucune obligation de le devenir.

Différences

J.E. — Dans le Judaïsme, il existe un proverbe : « Le dernier cité est le plus aimé » : autrement dit, contrairement à ce qui se passe en France, où l'on cite le président de la République avant le Premier ministre, dans la Tradition juive, on cite les personnes en ordre croissant d'importance ! Aussi bien les prosélytes sincères sont-ils fortement valorisés dans cette bénédiction.

Par ailleurs, la Bible établit une étroite corrélation entre les Anciens et les prosélytes. En effet, dans un premier commandement, elle nous enjoint de respecter les Anciens.

Devant des cheveux blancs tu te lèveras,
et tu honoreras le visage de l'Ancien[9].

Dans le verset suivant, on parle du prosélyte.

Et vous aimerez l'étranger — guer
car vous êtes étrangers en terre d'Egypte[10].

Un des grands commentateurs juifs, le Maharal de Prague (1512-1609), explique cette connexion de manière très originale. Il dit que les Anciens — les chefs du peuple — sont en quelque sorte aussi étrangers — autres — au peuple que les prosélytes !

On peut aussi proposer une autre explication : les diverses catégories citées ici — les Justes, les Pieux — paraissent énoncées en ordre décroissant de nombre, d'où les « rescapés » et les prosélytes. Ils sont, de ce fait, moins en sécurité que les autres, et plus vulnérables.

A.S. — Tous ceux qui sortent de l'ordinaire ont besoin d'une protection particulière. Ce n'est sûrement pas très moral, mais toute société entretient des rapports particuliers avec les nouveaux venus, les étrangers, ceux qui sont sans défense. Et il existe aussi une sorte d'hostilité souterraine envers les grands hommes. On les supporte mal, tout comme on supporte mal les faibles ! Nous voulons des gens comme nous ! D'où l'insistance de la Torah : « Ne maudis pas les princes » mais aussi : « ne maudis pas les sourds »[11]. Avec les gens moyens, on s'arrange ! Pas besoin de les maudire !

Nous, les sans-grade...

J.E. — Quand on voit les problèmes qui se posent aujourd'hui en matière de conversion, et les obstacles que l'on pose fréquemment à l'acceptation des prosélytes dans la communauté, il n'est pas inutile de rappeler que, chaque jour, nous demandons à Dieu de leur accorder une bénédiction particulière.

On énumère ensuite deux autres catégories : nous-mêmes, et tous ceux qui ont une foi sincère.

Pour nous tous, que s'éveille ta compassion.
Accorde une bonne récompense
à tous ceux qui te font véritablement confiance.

A.S. — La bénédiction des Justes et des Pieux s'achève par une prière « pour nous ». Autrement dit, outre tous ces grands hommes, il y a « nous autres ». Cela désigne la communauté qui prie. Ayant prié pour les autres, nous prions pour « nous-mêmes » les sans-grade... On peut se demander : à quel titre ? Qui sommes-nous donc ? Réponse : nous sommes « tous ceux qui ont sincèrement confiance en Ton Nom ».

J.E. — Notre seul mérite, nous les obscurs, c'est d'avoir confiance en Dieu. Et, à ce titre, nous demandons que notre sort soit le même que celui des autres catégories : les Juifs méritants et les prosélytes sincères.

> *Accorde une bonne récompense à tous ceux*
> *qui ont véritablement confiance en Toi ;*
> *que notre lot soit le leur,*
> *et que nous ne soyons pas déçus...*
> *car nous avons confiance en Toi.*

A.S. — On ne parle pas ici de ce que font les gens mais de ce à quoi ils s'identifient : quel camp ils choisissent. Lorsque nous parlons de « nous » et de « tous ceux-là » qui ont confiance en Ton Nom, nous disons en quelque sorte : « Tous ceux-là » ne sont peut-être ni Justes ni Pieux, ils n'ont rien de particulier, mais chaque fois qu'il leur faudra choisir leur camp, ils feront le bon choix ! C'est sans rapport véritable avec la foi ou les bonnes actions : c'est une question de choix.

Somme toute, on prie d'abord pour les Justes, puis pour des gens qui le sont moins, et enfin pour ceux qui semblent se situer tout juste au minimum : mais ce minimum consiste à proclamer sincèrement où l'on se situe. C'est ce que le prophète Isaïe appelait « quiconque se réclame de Mon Nom ou "se fait appeler Israël" [12] ». Ce n'est peut-être pas toujours une déclaration très sincère. Mais lorsqu'elle est sincère, celui qui la prononce proclame qu'il fait partie du même groupe que les Justes.

J.E. — Il y a un destin collectif pour Israël. A partir du moment où ceux qui s'estiment sans mérite proclament qu'ils partagent avec les Justes une même communauté de destin et les avanies de l'histoire, il n'est pas exhorbitant qu'ils prétendent partager également les temps de lumière ! Tout repose ici sur le verbe « avoir confiance ». Vous le disiez : il ne s'agit pas de la foi proprement dite — c'est un autre verbe — mais de croire en la réalisation des *promesses*. C'est pourquoi on dit aussi « que nous ne soyons pas déçus ». C'est la traduction que nous proposons pour un verbe qui signifie étymologiquement : « avoir honte ».

Il y aurait beaucoup à dire sur ce thème de la « honte » qui apparaît déjà dans la Bible, et signifie qu'Israël perd la face si les promesses divines ne se réalisent pas. Car c'est la confiance en cette réalisation qui a justifié notre « persévérance dans l'être juif » tout au long de l'histoire. Ici, nous disons explicitement à Dieu : ne nous fais pas honte car nous n'avons jamais cessé de croire en Tes promesses.

A.S. — C'est la même racine qui désigne la *confiance* et la *promesse* : la confiance, c'est en effet de croire à la promesse. Il y a d'ailleurs plusieurs lectures possibles de ce texte.

J.E. — La première : « Ne nous déçois pas car *nous avons* confiance en Toi. »

La seconde : « Ne nous déçois pas d'*avoir eu* confiance en Toi. »

A.S. — Je pense que c'est la seconde lecture qui est la bonne : « Que nous n'ayons pas de honte à nous en être remis à Toi. » Sans doute les Justes n'ont-ils pas besoin de demander cela, ni les Pieux ni les grands hommes ! Mais « nous », tout ce que nous pouvons dire, c'est : « Nous avons marché avec Toi ; ne nous déçois pas ! » C'est ce que dit une autre version de ce texte : « Nous nous sommes appuyés sur Toi. »

J.E. — On trouve la même idée dans la Bible. Lors du péché du Veau d'Or, Moïse dit à Dieu : « Ne détruis pas Israël, afin que les nations ne demandent pas : "Où donc est leur Dieu ?" [13] » Le prophète Ezéchiel dira la même chose : « Ton

Grand Nom sera profané (Tu perdras la face) si Israël perd la face[14]! » Nous avons tenu bon durant vingt-cinq siècles contre vents et marées : il ne faut pas que la fin de l'histoire ternisse cette confiance inébranlable.

A.S. — Cette idée revient sans cesse dans les prophéties d'Ezéchiel. Que dit le prophète ? « Sans doute ne vous conduisez-vous pas bien, mais vous portez Mon Nom, vous êtes inscrits chez Moi : donc, je dois vous sauver ! » La confiance, ici, est réciproque. Prier revient à dire à Dieu : « Qui que nous soyons, même indignes, par le seul fait que nous prions, nous proclamons que nous sommes à Toi. Donc, nous comptons sur Toi. » Il n'y a rien au monde dont nous puissions être assurés dans la même mesure !

Cette idée se retrouve d'ailleurs dans d'autres liturgies, notamment dans une des plus importantes prières de Roch Hachanah, le Nouvel An, intitulée « Notre Père, notre Roi ». Dans ce texte, nous disons : « **Nous** n'avons aucun mérite, sinon la confiance : non pas la **Foi,** mais la confiance, l'assurance, la certitude. Nous t'avons fait confiance. C'est comme si nous avions reçu un chèque signé par Toi ! Nous l'avons pris pour argent comptant : Tu ne peux pas nous décevoir et ne pas payer Ta dette ! » C'est exactement ce que nous disons ici : « Que nous n'ayons pas honte, en présentant le chèque, de t'entendre dire : "Je ne paie pas !" »

D'où la conclusion : « Tu es la promesse et le soutien des Justes. »

Bâton de vieillesse

J.E. — Les mots ont une histoire. Des siècles durant, les Juifs de l'Est employaient le terme de confiance — en yiddich, *bitou'hène* — pour manifester la profondeur de leur confiance. C'était un leitmotiv : ayez du *bitou'hène,* tout s'arrangera... Or, aujourd'hui, en Israël, ce terme — *bita'hone* — désigne la « sécurité », au sens militaire ou policier du terme. Le ministère de la Défense s'appelle en réalité ministre de la Sécurité. S'agit-il seulement de sémantique ?

A.S. — Tout dépend de l'intonation.

J.E. — Et du sens que chacun donne au mot sécurité.

A.S. — L'essentiel, ici, c'est cette affirmation : « Nous t'avons fait confiance, ne nous déçois pas. » D'où la conclusion de cette bénédiction : « Tu es promesse et appui pour les Justes. »

J.E. — Ce terme d'appui désigne également une canne, un bâton. C'est comme si Dieu était notre bâton de vieillesse ! Il est vrai que nous sommes un très vieux peuple, même si, avec la renaissance d'Israël, nous avons quelque peu rajeuni...

A.S. — En effet, c'est sur Dieu et son salut que nous nous appuyons, tout comme au temps de la sortie d'Egypte, où il est écrit que « le peuple eut confiance en Dieu [15] ». Il y a quelque chose qui apparaît en filigrane dans cette bénédiction. Nous avons tant souffert dans l'Exil, subi tant d'épreuves ! Même notre nom de Juif était devenu une injure ! Mais nous n'avions pas honte. Nous t'avons fait confiance, alors, maintenant, il Te faut payer !

CINQUIÈME PARTIE

ET TOUS LES VIVANTS
TE RENDRONT GRÂCES

Jérusalem d'En-Haut, Jérusalem d'En-Bas

A Jérusalem Ta ville, reviens avec compassion
Habite-la comme tu l'as annoncé.
Construis-la prochainement, de nos jours,
d'une construction éternelle.
Affermis rapidement, en son sein, le trône de David ;
Loué sois-Tu, Eternel, qui construis Jérusalem.

Quatorzième bénédiction

Josy EISENBERG. — La partie centrale de l'Amida est constituée de demandes qui ont un point commun : elles expriment les attentes et les espoirs séculaires du peuple juif. Il ne s'agit plus des besoins présents et quotidiens, mais bien de l'eschatologie. Au cœur de la réalisation de ce qui constitue pour la pensée juive une des fins de l'histoire, mais non la fin des temps, figure la (re)reconstruction de Jérusalem et la fin de ce qu'il est convenu d'appeler « l'exil de Dieu ». C'est le thème de la quatorzième bénédiction.

Qui mieux que vous qui êtes né dans la ville pourrait parler de Jérusalem dans la vie juive ?

Un chiffre en dit d'ailleurs plus long que tous les discours. Jérusalem est citée plusieurs centaines de fois dans la Bible, et plus de cent fois dans le Talmud. Le moins que l'on puisse dire, c'est ce que ce n'est pas une ville comme les autres.

Adin STEINSALTZ-EVEN ISRAEL. — Jérusalem est une ville importante aux yeux de tous et pas seulement pour les Juifs ! Elle a toujours été autre chose qu'un simple lieu géographique. C'est une cité métaphysique. Une jeune fille de Jérusalem m'a raconté qu'au cours d'un voyage en Irlande, elle a rencontré un paysan qui lui a demandé d'où elle venait. Elle a dit : « De Jérusalem. » Il a répondu : « Impossible ! A Jérusalem, on ne trouve pas des gens comme toi ! » Donc, voici un paysan, loin de tout, pour lequel Jérusalem n'est pas une ville ! Elle existe quelque part, mais pas ici-bas !

En vérité, pour nous également, Jérusalem est autre chose qu'un lieu abondamment cité dans les Psaumes ! C'est le centre de la vie, symboliquement et concrètement. D'où la place singulière qu'elle occupe dans la poésie juive, où l'on observe que Jérusalem a soixante-dix noms, dont un certain nombre de surnoms. La place de Jérusalem est tellement centrale dans la vie juive qu'elle a cessé d'être simplement une ville. Dans les poèmes, on dit simplement : LA VILLE ! Une ville qui n'est pas seulement la capitale d'un Etat. C'est la métropole du peuple juif, mais aussi du monde entier. J'en veux pour preuve toutes ces cartes, au Moyen Age, qui plaçaient Jérusalem au centre du monde. Le monde y est représenté comme une fleur, au cœur de laquelle il y a un œil : Jérusalem. D'ailleurs, la Bible la compare à une prunelle : c'est vraiment le centre du monde.

J.E. — Il est en effet frappant que les cartographes aient si souvent placé Jérusalem au centre du monde. Vous parliez de prunelle : c'est le terme qu'emploie le prophète Zaccarie en parlant d'Israël, et, à bien des égards, Israël s'est identifié à Jérusalem.

Ainsi parle l'Eternel, en quête de votre honneur,
qui m'a envoyé vers les peuples
qui vous ont dépouillés.
Car celui qui vous touche
c'est comme s'il touchait à la prunelle de son œil[1].

Jérusalem centre du monde : il ne s'agit pas d'un fantasme prétentieux. N'est-elle pas fréquemment, davantage qu'aucune autre ville, au cœur de l'actualité ? A cet égard, on peut dire que Jérusalem divise les Etats et les consciences. C'est une situation paradoxale : selon la Bible, elle devrait être la ville de l'Unité.

Jérusalem, construite comme une ville
où tout s'assemble[2].

A.S. — Ce verset a une double signification. D'une part, géographiquement et humainement, elle est conçue pour être d'une pièce : un vrai lieu de rassemblement.

De l'autre, la Tradition juive l'a interprété comme signifiant : « C'est la ville où se rejoignent et s'unissent indéfectiblement les deux Jérusalem : celle d'En-Haut et celle d'En-Bas. »

Mais attention : il ne faut pas comprendre qu'il existe deux Jérusalem bien distinctes : une terrestre et une céleste. En vérité, elles sont *côte à côte*. Cette dualité apparente exprime un rapport entre le Ciel et la Terre qui n'existe nulle part ailleurs.

J.E. — Vous vous référez à un thème très important de la mystique juive, selon laquelle il existe une Jérusalem céleste, totalement homologue à la Jérusalem terrestre, qui n'en est en fait qu'une *réplique !* Au cœur de cette Jérusalem — le monde de Dieu — se trouve le Temple d'En-Haut, où se déroule le même service qu'au Temple d'En-Bas, sauf qu'on n'y offre pas d'animaux mais les âmes des Justes, et que les prêtres sont remplacés par les Anges. C'est sans doute ce caractère de réplique terrestre d'une structure spirituelle qui explique que Jérusalem soit considérée comme une ville sainte.

A.S. — Et c'est aussi pourquoi toute perturbation dans la Jérusalem terrestre perturbe les hautes sphères de la vie divine, au point qu'on dit dans le Talmud :

> *Dieu a juré qu'Il n'entrerait pas*
> *dans la Jérusalem céleste*
> *avant d'entrer dans la Jérusalem d'En-Bas*[3].

C'est que la Jérusalem d'En-Bas, avec ses habitants et ses maisons, fait partie de la Jérusalem d'En-Haut. Les deux moitiés de la cité sont reliées par une échelle qui part de la terre et atteint les cieux, et dont le pied se trouve dans la Jérusalem terrestre. C'est l'échelle du monde, et c'est par elle que tous montent au ciel. C'est pourquoi la reconstruction de Jérusalem représente dans la conscience juive l'achèvement et le couronnement de la construction du monde. Ce qui crée une exigence particulière : la Ville sainte doit être reconstruite correctement.

J.E. — Vous voulez dire que construire Jérusalem, ce n'est pas simplement un problème d'architecture ou d'urbanisme. Il s'agit d'une autre dimension, ce qui explique qu'en fait on devrait plutôt traduire toutes les allusions, et elles sont innombrables, que la liturgie fait à la *construction* de Jérusalem par le mot *reconstruction*.

A.S. — En effet, on peut aussi mal la reconstruire : alors, ce ne serait plus Jérusalem, mais, simplement, une ville...

J.E. — Or ce n'est pas simplement une ville. Vous parliez de l'échelle de Jacob. Selon la tradition juive, ces Anges que le Patriarche voit en rêve monter puis descendre figurent les prières des hommes et la réponse de Dieu. En disant, à son réveil, que c'est « la Porte des Cieux », et alors que son rêve est situé précisément à Jérusalem, Jacob laisse entendre que c'est à travers Jérusalem que nos prières montent vers le ciel. Les rabbins vont même plus loin. Ils disent que toutes les prières des hommes, où qu'elles soient formulées, partent d'abord vers Jérusalem qui joue le rôle d'une sorte de satellite de communication et les relaie vers leur ultime destination. C'est là, semble-t-il, la vocation première de Jérusalem : servir de courroie de transmission entre l'humanité et Dieu.

A.S. — C'est exactement ce que dit la Bible. Dans la fameuse prière de Salomon, lors de l'inauguration du Temple, il dit explicitement : « Tous prieront *à travers* cette ville[4]. » C'est la porte par laquelle montent toutes les prières. Comme dit précédemment, Jérusalem est une forme géographique particulière, où s'unissent le monde supérieur et le monde inférieur. Elle est donc tout naturellement « la Porte des Cieux ». Et c'est pourquoi toutes les prières et les bénédictions passent par elle.

Dieu, le Retour

J.E. — Reprenons le texte de notre bénédiction. « A Jérusalem, Ta ville, reviens avec compassion. » Ici, chaque mot a son importance. *Ta ville* : c'est la cité de Dieu. *Avec compassion* : c'est la tonalité du retour. Enfin, et c'est le mot clé : *reviens*.

C'est un des thèmes fondamentaux de la pensée juive. Après avoir prié pour le retour des exilés, on prie pour le « retour » de Dieu. C'est donc qu'il est, lui aussi, en exil, ou plus précisément que sa Présence, comme le dit le Talmud, s'est retirée de Jérusalem pour accompagner l'errance d'Israël.

Quand ils furent exilés à Babylone,
la Présence s'exila avec eux,
quand ils furent exilés en Perse,
la Présence s'exila avec eux[5].

A.S. — Si nous parlons de Retour, c'est parce que avec l'Exil, c'est une profonde crise qui se produit. Nous parlons constamment, en effet, dans notre littérature religieuse, de l'Exil de la *chekhinah* (l'Exil de la Présence Divine). On pourrait penser que cette crise ne concerne qu'Israël. Après tout, c'est son Temple et sa capitale qui ont été détruits ! Mais, en vérité, avec l'Exil, c'est le monde entier qui est en crise ! A l'inverse, quand Dieu revient à Jérusalem, c'est le monde entier qui retrouve sa stabilité. En effet, l'absence de Dieu — Dieu caché, dit la Cabbale — fait que le monde est devenu profondément instable.

J.E. — Quand Jérusalem est dans Jérusalem, il se produit une grande concentration du divin qui fait de la ville le centre de gravité du globe et le maintient en équilibre. Quand Jérusalem, à travers Israël, est en exil, cette présence, disséminée, est en quelque sorte flottante. Certes, Dieu est partout, mais, si l'on peut s'exprimer ainsi, sans port d'attache. D'où l'instabilité du monde.

A.S. — Prier pour que Dieu reconstruise Jérusalem, cela signifie « remets le monde à sa place ». Cette remise en place, on peut l'illustrer par un exemple, qui n'a d'ailleurs rien de transcendant, mais dit bien des choses. Nous utilisons tous des appareils électroniques. Tout marche très bien tant qu'ils sont alimentés. Mais si nous retirons les piles, plus rien ne fonctionne. Il suffit de les remettre pour que notre ordinateur ou notre montre fonctionne à nouveau. C'est la même chose avec cette invocation : « Reconstruisons Jérusalem. » Elle consiste à dire à Dieu : refais les connexions, et tout recommencera à fonctionner !

Nous savons tous brancher des appareils en les mettant sous tension. Mais imaginons que nous insérions la fiche d'un appareil partout sauf dans une prise : le courant ne passe plus. On dira que le câble électrique est « en exil » ! Le remettre où il faut, c'est très précisément le même phénomène que celui que nous décrivons en parlant de retour. Revenir à Sion, ce n'est pas un problème de lieu, mais de branchement. Quand ce branchement sera refait, le monde sera remis en place. Quand on dit que Dieu ne « retournera » pas « à la Jérusalem d'En-Haut avant de revenir à la Jérusalem terrestre », il ne faut pas se méprendre. Il ne s'agit pas de chercher un lieu pour Dieu !

J.E. — D'autant plus que Dieu est appelé « le Lieu du Monde »...

A.S. — Le vrai problème : c'est : *où en est le monde ?* Où est-il vraiment ? Car l'Exil de la Présence signifie : le monde a perdu son âme. Il continue sa route mais c'est comme s'il avait perdu conscience !

J.E. — Le monde est somnambule...

A.S. — Il arrive que le corps fonctionne encore, mais ce n'est pas la vraie vie. Ramener la présence divine, c'est comme faire reprendre conscience à quelqu'un.

Une ville habitée

J.E. — On pourrait dire, littéralement, *le ranimer*, puisque c'est bien du retour de l'âme « perdue » qu'il s'agit.

Cette sorte de résurrection de Jérusalem se déroule sur deux plans : spirituel et matériel. Tout d'abord, elle est concrète et physique, ce qui, dans la pensée juive, s'exprime d'ailleurs moins en termes de construction que de peuplement.

Repeupler Jérusalem : c'était la grande obsession des prophètes. Quand ils évoquent la prise de Jérusalem, ce qui les frappe et les désole, c'est que la ville se vide de ses habitants déportés par l'ennemi. Jusques à quand, demande Isaïe à Dieu, Israël pourra-t-il être infidèle ?

Jusqu'à ce que les villes soient désolées, privées d'habitants,
les maisons d'hommes, et que la terre reste abandonnée[6].

Notons, au passage, que le verbe que nous avons traduit par *désolé*, c'est la racine dont est tiré le mot *choah*...

A l'inverse, lorsqu'ils décrivent le retour en grâce de la ville, c'est encore de démographie qu'ils parlent.

Ainsi parle l'Eternel : « De nouveau, on entendra
dans ce lieu qui, dites-vous, est ruiné,
privé d'hommes et de bétail,
on entendra des chants d'allégresse,
le chant du fiancé et de la fiancée[7]... »

La Judée sera habitée pour toujours,
et Jérusalem de génération en génération[8].

Ce premier objectif semble aujourd'hui largement atteint. Jérusalem compte plus d'un demi-million d'habitants. C'est presque un record[9].

Mais lorsqu'on songe au second objectif — la reconstruction spirituelle — on ne peut manquer d'être inquiet. En effet, le Talmud énumère toutes les raisons pour lesquelles Jérusalem a été sanctionnée jadis : on n'observait pas le chabbat, on ne respectait pas les Sages, on ne récitait pas les prières, on n'enseignait pas la Torah aux enfants, on manquait de pudeur et d'honnêteté[10]. A tout prendre, ces raisons existent toujours...

A.S. — Bien entendu, s'agissant des rues et des maisons, on peut toujours reconstruire Jérusalem, ce sera toujours une ville ! Quand les Romains en ont fait Aelia Capitolina, c'était une ville, mais une ville romaine. Tout au long de l'histoire, Jérusalem a continué d'exister en tant que ville. Mais quand nous parlons de reconstruire Jérusalem *comme il faut*, cela exige, certes, qu'elle ait un corps, des bâtiments, des rues, de l'eau et des arbres. Mais il faut, en plus, qu'elle soit construite de l'intérieur.

C'est d'ailleurs une des définitions de l'Exil : les choses sont en *désordre*. Comme disait Salomon : « J'ai vu des esclaves à cheval et des hommes libres à pied[11] ! » Lorsque l'ordre correct n'est pas respecté, rien n'est vraiment construit : aussi réelle qu'apparaisse la cité, c'est une construction imaginaire.

Une histoire d'amour

J.E. — On ne peut pas parler de Jérusalem sans parler d'amour. Il est présent partout. D'abord, dans les sentiments qu'éprouve Israël pour la Ville sainte. Sion est constamment décrite comme une femme désirée.

Mais l'amour, c'est aussi la dimension dans laquelle doit se faire le Retour. Le terme que nous traduisions par « compassion » signifie également amour, et le vrai sens de notre bénédiction c'est :

A Jérusalem ta ville, reviens avec amour.

Par amour et avec amour.

A.S. — Quand nous disons « Reviens avec compassion », nous exprimons le souhait que le Retour se passe *en douceur*. C'est que le retour pourrait se faire en catastrophe, tout comme une tempête peut créer une montagne. Pour le Judaïsme, retourner à Sion, ce n'est pas seulement reconstruire une ville, c'est bâtir un nouveau monde. C'est un grand changement : en fait, c'est une révolution. Mais qui dit révolution dit aussi danger et effusion de sang. C'est pourquoi, lorsque nous parlons du retour à Sion, nous précisons qu'il se fasse avec amour... Sinon, comme le disait Ezéchiel :

Je régnerai sur vous avec une main puissante
et en déversant ma colère[12].

Nous ne voulons pas d'un tel retour : nous ne voulons pas qu'il se passe en catastrophe !

J.E. — Nous souhaitons que le Retour se fasse la tête haute, comme le prophétisait Moïse.

Je briserai les bois de votre joug,
et je vous ferai revenir la tête haute[13].

Comme nous l'avons dit plus haut, le Retour ne doit pas être une fuite, par exemple devant les persécutions. Revenir avec amour, c'est revenir dans la dignité.

A.S. — Il est vrai que Jérusalem, c'est une histoire d'amour, comme le montrent les poèmes qu'a consacrés à la Ville sainte le grand poète espagnol Juda Halévi. Le poète appelle Jérusalem « plénitude de beauté » et affirme que toutes les perfections sont réunies en elle. Dans un autre chant d'amour « Viens, fiancé » que nous chantons vendredi soir, nous disons la même chose. Jérusalem est comme une fiancée parée de tous ses ornements, et qui attend notre retour. Encore faut-il que ce soient de justes retrouvailles, et non une simple rencontre. Il arrive, dans un roman, qu'un homme et une femme se rencontrent non pas pour vivre ensemble, mais pour se quereller !

Les choses sont d'autant plus complexes que Jérusalem est une ville très sensible. D'où un paradoxe, qui est sans aucun doute lié à l'étymologie : dans *Yerouchalaïm*, il y a *chalom*, la paix et *chalem*, la plénitude. C'est une ville de paix, mais c'est aussi un lieu bouillonnant de colère, d'où les risques permanents de querelles. Le moins que l'on puisse dire, c'est qu'elles subsistent jusqu'à aujourd'hui ! Cette irritabilité provient de l'hypersensibilité de la ville. Jérusalem est comme l'endroit où tous les nerfs se rejoignent : dès qu'on y touche, tout se met à trembler ! C'est pourquoi on parle sans cesse de la reconstruire *avec amour* : autrement dit, pacifiquement et pleinement. C'est que traiter tout « endroit » sensible exige un doigté, une sollicitude particulière. D'où cette sentence talmudique :

> *Quiconque est né à Jérusalem recevra une récompense particulière mais qui aime Jérusalem la recevra également.*

Ainsi qu'il est écrit : « Réjouissez Jérusalem, ô vous tous qui l'aimez [14]. »

J.E. — Réjouir Jérusalem, comme une femme à laquelle on donne du plaisir, c'est une exhortation qui revient sans cesse dans la littérature biblique, avec une grande richesse de synonymes : « Réjouissez-vous, exultez, jubilez, chantez, éclatez de joie [15]. » Joie de la ville, perçue comme une personne vivante susceptible d'éprouver toutes les émotions. Ce n'est pas être irrévérencieux que de proposer une joie parallèle : celle de Paris libérée et où de Gaulle, dans un discours resté fameux, en parla, lui aussi, comme d'une personne : « Paris humiliée, Paris libérée... » Joie de ses fils qui la retrouvent.

Jérusalem et la joie sont si fortement identifiées qu'il existe un texte, rarement cité, et où il est dit que les commerçants ne devraient pas faire leur comptabilité dans la ville de peur d'y trouver des motifs de tristesse [16] !

A.S. — Une ville de la joie, en effet ! Mais on peut être ivre sans être joyeux. C'est pourquoi les Psaumes répètent sans cesse : « Réjouissez Jérusalem. » A l'inverse, on dit que les Anges prennent part au deuil de Jérusalem. Ils pleurent et crient : « Sur tes murailles, Jérusalem, j'ai placé des gardiens. Tout le jour et toute la nuit, ils évoquent Jérusalem [17]. »

Je voudrais revenir sur un des aspects importants du thème du retour de Dieu. Une des raisons pour lesquelles on dit que Dieu ne peut pas revenir unilatéralement à Jérusalem, c'est parce qu'il s'agit de retrouvailles entre Dieu et Israël. Et il faut que les deux parties soient réellement disposées à se rencontrer ! Il faut donc, pour le moins, que nous nous déclarions intéressés par cette rencontre ! Que nous disions à Dieu : nous sommes prêts ! Comme nous l'avons déjà dit : Jérusalem est parée de tous ses atours comme une fiancée, et elle attend. C'est le message que nous essayons de faire parvenir à Dieu : « Nous sommes prêts, nous t'attendons ! »

Éloge de l'impatience

J.E. — Nous attendons depuis longtemps ! Cette attente, teintée d'impatience, a commencé il y a vingt siècles ! Après la destruction du premier Temple, qui pour les Juifs signifiait la « destruction » de Jérusalem, le prophète Zaccarie interpelle Dieu :

Dieu qui parlait en moi dit :
Eternel, jusques à quand n'auras-Tu pas compassion
pour Jérusalem et les villes de Judée
contre lesquelles Tu es irrité depuis soixante-dix ans [18] *?*

Dieu promet au prophète de reconstruire le Temple, promesse qui s'accomplit en l'an 517 avant l'ère chrétienne. Mais la Judée reste sous domination étrangère, occupée par les Perses puis les Grecs. Pour les rabbins, Jérusalem reste détruite. C'est à cette époque — avant même que les Romains ne détruisent le Temple — qu'ils composent l'Amida et disent : « A Jérusalem Ta ville, reviens avec compassion. »

Et ils précisent : « rapidement, de nos jours ». C'est l'impatience dont nous parlions.

A.S. — C'est quoi, *rapidement ?* Tout d'abord, c'est une question d'échelle de grandeur. Pour Dieu, rapidement peut tout aussi bien signifier quelques milliers d'années ! Aussi précisons-nous : Rapidement, selon *mes* critères et non les *tiens* ! Toi, tu as le temps d'attendre encore mille ans ; mais moi, je voudrais que cela se produise rapidement et de mon vivant ! C'est comme dans une histoire d'amour : je n'ai plus le temps d'attendre. Je regarde sans cesse ma montre. J'attends que cela arrive. C'est cela le sens : je voudrais que ce soit immédiat.

J.E. — Nous disons également à Dieu : « Et habite Jérusalem comme tu l'as annoncé. » Ici, me semble-t-il, il est moins question de la ville que du Temple. Rappelons que le peuple, en hébreu, se dit *Beth Hamikdach* : la maison de sainteté.

Le Temple, c'est la « vraie » maison où Dieu est censé habiter ; durant l'Exil, il est, si l'on peut s'exprimer ainsi, à l'hôtel... Il est clair que dans toutes les prières, chaque fois que l'on parle de la reconstruction de Jérusalem, c'est en fait de la reconstruction du Temple qu'il est question. D'ailleurs, un peu plus loin, dans la dix-septième bénédiction, nous le dirons explicitement : « Rétablis le culte dans le parvis de *Ta maison.* »

A.S. — La reconstruction de Jérusalem implique en effet celle du Temple. Il y a une gradation : d'abord, Dieu habitera à nouveau Jérusalem ; c'est la bonne « géographie ». Puis nous construirons Sa maison, et L'y servirons. Cela dit, le langage utilisé pour Jérusalem est toujours un langage d'amour. Il est fréquemment emprunté au Cantique des Cantiques. On doit au prophète Isaïe toute une série d'images. Il compare Jérusalem et Israël à une femme triste, abandonnée par son époux. Donc, d'abord « Reviens à la maison ! Après, on verra ».

J.E. — Le rapport entre Jérusalem et le Temple est très fort, puisque, dans le même verset, le prophète Zaccarie parle du retour à Jérusalem et de la reconstruction du Temple.

Je reviens à Jérusalem avec compassion,
Ma maison sera reconstruite [19].

On a le sentiment que l'un ne va pas sans l'autre. C'est sans doute ce qui explique une des prières les plus déconcertantes de la liturgie juive. Le jour du jeûne du 9 Av, anniversaire de la destruction du Temple, nous insérons dans l'Amida, et précisément dans cette bénédiction, une prière spéciale.

Console, Eternel notre Dieu, les endeuillés de Sion,
les endeuillés de Jérusalem
et la ville détruite, humiliée et dévastée.
Endeuillée par l'absence de ses enfants,
détruite dans ses habitations,
humiliée dans son honneur.

Cette prière est apparemment surréaliste ! Nous la récitons dans une Jérusalem revivifiée. Il y a bien des gens, d'ailleurs, qui souhaitent qu'on supprime cette prière ; quelques Juifs pratiquants, tout en continuant de jeûner, ne la récitent plus. Si les rabbins ne l'ont pas supprimée, c'est manifestement parce qu'ils considèrent que tant que le Temple n'est pas reconstruit, tant que la présence de Dieu n'y est pas massive, c'est comme si Jérusalem restait « détruite ». Comme dit un poète français : « Un seul être vous manque, et tout est dépeuplé. »

A.S. — Effectivement. Pour reprendre notre métaphore, on pourrait dire : imaginons une femme. La maison est rangée, le lit est fait, tout est en ordre. Sauf que son mari est absent ! Elle se sent abandonnée : c'est le nom que lui donne le prophète. Elle demande : où est-il ? Où est-il parti ? Peu importe qu'il y ait chez moi une coupe de vin de plus ! Lui, il me manque !

J.E. — J'aimerais vous poser une question personnelle. Vous vivez à Jérusalem, dans cette ville où tant de personnes, quand elles y vivent, ou quand elles la visitent, disent fréquemment qu'elles y sentent la présence de Dieu. Et pourtant, dans cette prière, nous parlons de son absence. Lorsque vous la récitez, le 9 Av, est-ce que vous ressentez vraiment cette absence ?

A.S. — Certainement ! C'est qu'ici, Il manque plus qu'ailleurs. Quand je ne suis pas à la maison, je ressens moins ce qui y manque ! Prenons cette femme abandonnée : quand elle va se promener, quand elle est ailleurs, elle ressent moins l'absence. Elle la ressent surtout quand elle revient à la maison.

A Jérusalem, la sensation que l'on éprouve de rêver sans pouvoir interpréter le rêve est bien plus forte qu'ailleurs, d'autant plus que la ville existe. C'est ce que l'on ressent en exil. L'Exil, c'est une forme de rêve. D'ailleurs, quand on dit dans les Psaumes qu'en revenant, « nous serons comme ayant rêvé [20] », il faut comprendre : comme nous réveillant d'un cauchemar. Le sentiment qu'on se promène dans un rêve inexpliqué devient de plus en plus fort lorsque ce rêve se rapproche. La Loi juive exprime cela parfaitement. Elle dit que lorsqu'on voit pour la première fois Jérusalem, on doit déchirer ses vêtements ; et quand on voit les ruines du Temple, on fait une seconde déchirure. C'est que, lorsque je suis loin, certes, le manque est toujours un manque, mais les sensations sont différentes !

J.E. — Je rappelle que, lorsqu'on perd un proche parent ; on déchire au cimetière un pan de son vêtement. On fait donc en principe la même chose pour Jérusalem : ne nous appelons-nous pas « les endeuillés de Sion » ? Mais cette loi est-elle vraiment observée ? Avez-vous vu des gens déchirer leurs vêtements en arrivant sur l'esplanade du Temple ?

A.S. — Il y a des gens qui le font, mais il est vrai qu'ils ne sont pas très nombreux. Les temps ont changé. A l'époque du Talmud, les rabbins faisaient toutes ces déchirures en arrivant au mont Scopus. D'ailleurs, selon la Loi, toute personne qui n'a pas vu ce lieu depuis trente jours devrait en faire autant.

J.E. — Dans cette prière, nous demandons de plus en plus de choses : que le retour à Jérusalem se fasse en douceur, qu'il se produise rapidement, et enfin, que la reconstruction de Jérusalem soit « une construction pour l'éternité ». Pourquoi cette dernière précision ?

A.S. — Jérusalem a été détruite plus d'une fois : construite, détruite, reconstruite. Maintenant, je prie pour que cette reconstruction soit définitive. Dans des textes anciens, on disait : nous avons des chansons, au féminin. Une chanson, c'est comme une femme : elle peut enfanter d'autres chansons. Nous avons connu successivement un petit miracle, suivi de malheurs, puis d'un autre miracle. Maintenant, nous souhaitons un *chant* nouveau, et que s'arrête enfin ce processus, cette toile de Pénélope.

J.E. — L'eschatologie juive distingue en effet le substantif féminin *chira* (la chanson), expression d'une joie éphémère, du substantif masculin *chir,* qui signifie « chant » ou « cantique ». Au cantique, on attribue une valeur sacrée. Selon les rabbins, l'histoire est traversée par dix cantiques, qui figurent dans la Bible.

Quand le monde chantera un *cantique nouveau,* le dixième, les temps messianiques seront arrivés.

En attendant ce *chant,* on a écrit des centaines de chansons sur Jérusalem. La plus fameuse est sans doute celle qui fut composée par Naomi Chemer lors de la réunification de Jérusalem, et qui est devenue l'hymne de la ville : *Jérusalem d'or, de lumière et de bronze.* Vous avez une précision à apporter sur ces termes ?

A.S. — A propos de Jérusalem d'or on peut dire deux choses. Ce n'est pas seulement une image : il s'agit d'une chose réelle. C'était le nom que portait jadis un bijou de femme, construit en forme de murailles de Jérusalem. Il s'agissait d'un diadème dont les femmes se coiffaient. D'où le nom de Jérusalem d'or. C'était un bijou rare : une couronne mais en forme de muraille. On raconte que Rabbi Akiba l'avait offerte à sa femme.

Seconde observation, sans rapport aucun avec la théologie ou l'histoire : l'or, c'est la couleur de Jérusalem. Quiconque se promène à Jérusalem y voit une lumière, au soleil, qu'aucun peintre ni photographe n'a vraiment réussi à saisir. Quand on regarde Jérusalem, on voit bien cette couleur d'or. Elle se reflète dans les pierres de Jérusalem et donne une teinte, unique au monde, aux maisons de la ville. C'est, sans référence à une quelconque métaphysique, la lumière de Jérusalem. Pour qui est né à Jérusalem, ou aime cette ville, aucune autre ville ne ressemble à cette Jérusalem d'or et de lumière.

Depuis le rêve de Jacob jusqu'aujourd'hui, cette ville a toujours été entre ciel et terre. Le sublime y rencontre sans cesse le trivial. D'un côté, les gens et les chats s'y promènent, et les gens crachent par terre : et de l'autre, on vit en permanence comme dans un rêve.

Le germe de David

Fais germer le germe de David
Que sa corne s'élève grâce à ton salut
car ton salut, nous l'espérons toute la journée.
Loué Sois-Tu, Eternel,
qui fais germer la corne du salut.

Quinzième bénédiction

Josy EISENBERG. — Avec la quinzième bénédiction de l'Amida, nous sommes plus que jamais dans la théologie du salut : ce terme apparaît ici pour la première fois.

Nous aurons évidemment à commenter les divers termes — et concepts — qui apparaissent dans ce texte. Constatons tout d'abord qu'il existe un enchaînement parfaitement logique entre la précédente bénédiction — la reconstruction de Jérusalem — et l'évocation de David, ne serait-ce qu'en fonction d'une affirmation classique de l'eschatologie juive.

> *Dès que Jérusalem aura été reconstruite,*
> *le fils de David arrivera*[1].

Tout au long de l'Amida, nous assistons en quelque sorte, comme dans un film, au déroulement du scénario messianique : les exilés reviennent, les méchants sont punis, Jérusalem est revisitée, David revient.

Adin STEINSALTZ-EVEN ISRAEL. — Vous avez fort justement observé que le Talmud établissait un lien très étroit entre ces deux derniers événements. Mais il y a davantage. Dans l'Antiquité, il existait plusieurs versions de l'Amida parmi les communautés de Palestine. Or, dans certaines versions, la quatorzième et la quinzième bénédictions étaient résumées en une seule : on priait simultanément pour la reconstruction de Jérusalem et l'avènement de David. De ce fait, on revenait au nombre initial des dix-huit bénédictions.

J.E. — C'était d'autant plus logique que la bénédiction relative à Jérusalem comporte une phrase relative à David.

Et affermis le trône de David
au sein de la ville.

Nous n'avons pas commenté ce texte, nous réservant de le faire dans la bénédiction suivante. Là, le trône de David ; ici, le germe de David : nous sommes apparemment au cœur du Messianisme, puisque le Messie est toujours appelé fils de David, dans les sources chrétiennes comme dans les sources juives.

Un roi de chair et de sang

A.S. — Le problème du Messianisme a toujours constitué une préoccupation majeure pour le peuple juif. Maïmonide l'a introduit dans les treize articles de foi qui constituent, à ses yeux, le credo du Judaïsme.

Je crois, d'une foi parfaite, à la venue
du Messie. Même s'il tarde, j'attendrai
chaque jour sa venue[2].

J.E. — Permettez-moi une brève remarque pour rappeler que si de nombreux rabbins ont polémiqué avec Maïmonide sur le principe même d'établir des dogmes, ils ne remettaient pas en question les croyances qu'il a affirmées, notamment le Messianisme.

A.S. — D'autant plus que Maïmonide ajoutait : « Celui qui ne croit pas au Messie, non seulement il ne croit pas aux prophètes, mais c'est la Torah elle-même qu'il rejette car elle parle également du sauveur. »

J.E. — En termes voilés[3]...

A.S. — Vous avez dit qu'il est question du Messianisme dans cette bénédiction : il faudrait nuancer ce propos. Certes, la lecture qu'on en fait depuis des siècles la place incontestablement dans une perspective eschatologique. Il faut cependant situer cette bénédiction dans son contexte historique. Tout d'abord, observons que le terme de Messie (*Machia'h*) n'apparaît pas ici. C'est que cette bénédiction a été composée à une époque très particulière : celle du second Temple, donc entre l'an 586 avant l'ère chrétienne et l'an 70 après. Durant toute cette période, sauf pendant l'intermède des Hasmonéens, la Judée vivait sous occupation étrangère. L'aspiration fondamentale des Juifs, c'était de retrouver l'indépendance politique et de ressusciter l'Etat juif. Le symbole de cette renaissance, c'était le règne de David. On attendait, avec quelque impatience, que se réalise la prophétie d'Ezéchiel.

Ainsi parle le Seigneur, l'Eternel.
Voici que je vais prendre les enfants d'Israël
parmi les nations où ils sont allés
et les ramener sur leur sol.
J'en ferai une seule nation dans le pays,
un seul roi sera leur roi à tous...
Mon serviteur David régnera sur eux[4].

L'avènement de la royauté de David, c'est le parachèvement du retour à Jérusalem.

Si le grain ne meurt

J.E. — Donc, à l'origine, cette bénédiction avait une tonalité politique et nationale plutôt qu'eschatologique. Pourtant, il n'est pas question du *trône* de David, comme dans la bénédiction précédente, mais du *germe* de David.

A.S. — Ce terme est extrêmement important. Il définit d'une manière très spécifique la vision juive du salut. Il a pour origine diverses prophéties.

> *Voici, je vais faire venir*
> *mon serviteur, le germe.*
> *Je ferai germer par David*
> *un germe de justice.*
> *Voici un homme : son nom est germe* [5].

J.E. — Ce qui me frappe, c'est que dans tous ces textes, il y a deux expressions : on parle à la fois de David et du germe de David. Ce dernier terme est clair : un descendant de David. Mais quand le prophète dit : « et mon serviteur David régnera sur eux », c'est comme si tout descendant de David en était la vivante réincarnation. On attend somme toute un nouveau David, qui reste dans la conscience juive le roi par excellence. Je parlais de réincarnation : une des plus célèbres chansons d'Israël, un véritable « tube », consiste en tout et pour tout en une seule phrase qui en dit long.

> *David, roi d'Israël, vit et existe toujours...*

A.S. — C'est parce que nous considérons que le règne de David n'est pas achevé. Il reste le roi d'Israël.

J.E. — Le roi légitime...

A.S. — Aucune dynastie n'a remplacé la sienne. Le règne de David s'est simplement interrompu. Un jour, la légitimité reprendra ses droits, sous les traits du nouveau David : un rejeton. C'est exactement ce qu'affirme la fameuse prophétie d'Isaïe.

> *Un rameau surgira de la souche de David,*
> *et, de ses racines, un rejeton fleurira* [6].

Autrement dit : la souche existe quelque part, mais elle ne germe pas. C'est comme si elle était enfouie dans la terre, et elle doit un jour en sortir.

Le salut en marche

J.E. — David — la royauté juive, la liberté d'Israël — est toujours vivant : en catalepsie. Les prophètes recourent à une image plus polémique et plus suggestive : un germe enfoui dans le sol, une graine qui porte en puissance la délivrance, un salut en fleur...

En fait, cette image caractérise toute l'espérance juive. C'est l'idée du *Reste* : quoi qu'il arrive, dit Isaïe — utilisant une métaphore similaire au germe —, même s'il ne reste qu'un dixième d'Israël, la souche subsiste.

Même s'il n'en reste qu'un dixième,
et qu'il brûle comme le térébinthe et le chêne,
le tronc restera, semence sainte [7].

Le salut est caché, souterrain ; mais il est indestructible comme le chêne. C'est également le thème du Dieu caché : durant l'Exil d'Israël, cette longue nuit, en dépit des apparences, le salut est comme une fleur en pot qui, un jour, fleurira.

A.S. — Parler de germination, c'est montrer que le salut est un processus *lent*.

J.E. — Lentement, mais sûrement.

A.S. — Ce n'est pas l'apocalypse ; le salut ne descend pas du ciel, sur une nuée, comme dans la vision de Daniel [8].

C'est une idée que l'on retrouve fréquemment dans la pensée juive : *le Messie n'est pas un être surnaturel.* C'est un roi, issu de David, et qui doit achever ce que David et Salomon n'ont pu mener à bien.

Le Messie : combien de divisions ?

J.E. — Le règne de David, qui conquit Jérusalem, puis de Salomon, qui construit le Temple, ce fut plus qu'un moment de l'histoire d'Israël : une période eschatologique, où, à travers Jérusalem et un roi dont le nom signifie *paix*, le monde aurait pu connaître l'ultime pacification : unir le ciel et la terre, le divin et l'humain.

A.S. — L'histoire est traversée par des potentialités messianiques, un thème que la Cabbale et le Hassidisme ont beaucoup commenté. Les temps messianiques étaient déjà comparés, dans la Bible, aux douleurs de l'accouchement. L'histoire n'est finalement qu'une succession d'avortements du Messie. Chaque fois qu'il aurait pu venir, un problème s'est posé et le processus n'a pu aller jusqu'à son terme. Selon la Tradition, Salomon aurait pu être le Messie, et, plus tard, le roi Ezéchias également.

J.E. — Les cabbalistes ont souvent décrit le Messie comme enchaîné dans les coulisses de l'histoire. Ce n'est pas le Messie qui doit nous délivrer, mais nous qui devons d'abord le libérer. Le Talmud recourt à une autre métaphore : il se lève lentement comme l'aurore.

A.S. — C'est toujours l'idée de la germination. On dit qu'il est « un roi en exil », un roi sans royaume.

Mais j'y insiste : ce roi ne sera pas un roi « pour l'autre monde ». Son royaume est bien de ce monde, et son action n'aura rien de surnaturel. Le problème messianique est d'ailleurs intimement lié à la reconstruction de Jérusalem, où il y eut toujours deux pôles : le Temple et le palais royal.

J.E. — Le sabre et l'autel...

A.S. — Le sabre, c'est Jérusalem. Lorsqu'elle fleurit, deux structures apparaissent : l'une tout entière tournée vers le haut, c'est le *Temple* ; l'autre, tournée vers le bas, c'est la *royauté*, qui est d'essence messianique. C'est pourquoi le Messie doit régler les problèmes du monde. Sa mission n'est d'aucune façon d'accorder le pardon des fautes, ou de sauver les âmes : il doit tout d'abord changer l'organisation du monde.

J.E. — Et sans en bouleverser les lois fondamentales. En effet, même si certains rabbins du Talmud ont imaginé qu'il y aurait quelques miracles aux temps messianiques, il y a une sorte de consensus dans la pensée juive sur le fait que les lois de la nature ne seraient pas modifiées. Maïmonide a même proposé d'interpréter métaphoriquement la prophétie d'Isaïe annonçant que « le loup paîtra avec l'agneau, la panthère avec le chevreau[9] ». Ce verset donne à croire que les lois naturelles pourraient être bouleversées : Maïmonide explique que c'est une manière de dire qu'il n'y aura plus de violence, ce qui correspond d'ailleurs parfaitement à la pensée du prophète, qui tout de suite, après avoir parlé du loup et de l'agneau, conclut sa prophétie en disant :

On ne fera plus ni mal ni violence
sur toute ma montagne sainte,
car la terre sera emplie de la connaissance de Dieu
comme l'eau qui couvre la mer[10].

A.S. — Soit dit en passant, mettre un terme aux guerres, ce n'est pas plus simple que de faire paître le loup et l'agneau ! Cette question figure au cœur d'une célèbre controverse qui eut lieu à Barcelone, en 1270, en présence du roi, entre Nahmanide et les représentants de l'Église[11]. Une des questions posées était : le Messie est-il déjà venu ?

J.E. — C'est-à-dire : vous, Juifs, pourquoi ne reconnaissez-vous pas le Messie ?

A.S. — Nahmanide répondit : nous avons, dans la Bible, une description précise de ce que devrait être le monde aux temps messianiques : un monde de paix, de bénédiction et de sérénité. Tant que je ne verrai pas cela, je dirai que le Messie n'est pas encore arrivé...

J.E. — Nahmanide est même allé plus loin, ajoutant : il y a de plus en plus de guerres dans le monde depuis l'avènement du Christianisme.

A.S. — Et cela continue ! La fonction du « germe de David » est précisément de mettre fin à ce processus et de donner naissance au monde *tel qu'il devrait être*. Le règne de David, c'est l'apothéose de la reconstruction du monde, dont l'Amida a successivement évoqué les diverses étapes : retour des Juges et des conseillers, émergence des Sages et des Justes, annihilation du Mal. La clé de tout ce processus, c'est la royauté de David.

La corne du salut

J.E. — Pour divers commentateurs, notamment Samson Raphael Hirsch[12], le terme de « germination » renvoie à l'idée d'évolution et de développement. L'histoire de la civilisation, c'est la germination de tout ce qui est en puissance dans la création, y compris les progrès de la technologie. Lorsque nous demandons à Dieu de faire « germer » la semence de David, nous souhaitons, somme toute, l'accélération de l'histoire.

Après le germe, le second terme remarquable de cette bénédiction, c'est la corne, attribuée elle aussi à David.

Elève sa corne par ton salut.

Pourquoi parler de corne à propos du salut ?

A.S. — Ce terme se réfère tout d'abord à un texte biblique. Avant de mourir, Moïse a béni les Douze Tribus d'Israël. Lorsqu'il est arrivé à celle de Joseph, il lui a prédit un pouvoir universel en le comparant à un buffle aux cornes puissantes.

Il aura des cornes de buffle,
avec lesquelles il repoussera les nations
jusqu'aux confins de la terre[13].

J.E. — Or Joseph, comme Juda, ancêtre de David, est une figure messianique, tant pour les Chrétiens d'ailleurs que pour les Juifs. Jésus, dans les Evangiles, est en effet présenté à la fois comme descendant de David et fils de Joseph.

A.S. — Cela dit, il y a une grande différence entre le germe et la corne. Le germe est signe de *douceur* ; la corne, de *puissance*. C'est le premier sens de cette expression : le germe de David devra faire preuve également d'une puissance réelle, afin de pouvoir subjuguer les nations. Il ne s'agit pas simplement d'un pouvoir spirituel ; chez nous, personne n'a jamais vraiment pensé que l'on pourrait résoudre les problèmes du monde uniquement par l'esprit ! Il y faut l'esprit et la puissance. Cela ne signifie pas nécessairement l'usage de la force. Parler d'une « élévation de la corne », c'est décrire une puissance telle que personne n'osera lui faire la guerre ! C'est bien ainsi, d'ailleurs, que le prophète Isaïe décrit le Messie.

Il jugera les faibles avec justice,
prendra avec droiture le parti des humbles,
frappera les violents du sceptre de sa parole,
et avec le souffle de ses lèvres fera mourir le méchant[14].

Le Messie n'aura pas besoin de faire la guerre.

J.E. — Il ne faut donc pas voir en la corne une puissance destructrice, comme par exemple dans les prophéties de Daniel[15].

A.S. — Ce n'est pas une puissance militaire ; c'est le pouvoir royal. Car c'est là le second sens de la corne : elle désigne l'onction. Pour oindre le roi, on emplissait d'huile une corne. On le faisait également pour consacrer le Grand Prêtre. Là, il s'agissait seulement d'un pouvoir spirituel. Pour le roi, c'était différent ; l'onction était d'ailleurs faite en forme de couronne.

J.E. — Il existe un commentaire intéressant selon lequel, lorsque Samuel a voulu oindre le nouveau roi d'Israël, il a passé une corne d'huile sur la tête de tous les frères de David sans que l'huile ne coule ; elle s'est répandue seulement lorsque le prophète est arrivé à David ! C'est donc à bon droit que nous disons *sa corne* : la corne de David, la royauté authentique.

A.S. — C'est le symbole du pouvoir dont le roi est investi. Il revêt également une dimension spirituelle, qui s'exprime par les insignes de ce pouvoir. Dans toutes les monarchies, le roi porte un symbole de son pouvoir : généralement, une épée ou un sceptre. Le roi issu de David devait, lui, porter la Torah, et même la lire publiquement lors d'une cérémonie appelée *Hakhel* et qui avait lieu tous les sept ans. Sa fonction, c'était de réaliser les impératifs de la Torah.

Selon la Cabbale, il y a dix émanations — les sephirot — qui partent du plus abstrait — la volonté divine — au plus concret : la dixième de ces émanations, qui s'appelle *Mal'hout* (la royauté). C'est le royaume de Dieu, qui se réalise concrètement par le règne de David.

J.E. — Lorsque le règne de David sera parachevé... Ce règne a d'ailleurs toujours eu une connotation messianique. Dans la Bible, on voit bien qu'il y a identification du Messie au roi.

Il donnera la puissance à Son roi,
et élèvera la corne de Son Messie[16].

Pouvoir politique d'un côté ; pouvoir spirituel de l'autre.

A.S. — C'est le Roi-Messie, le pouvoir qui se manifestera à la fin des temps, comme dit dans un texte très emphatique à propos de Salomon.

Et le trône de Salomon sera affermi
devant l'Eternel pour toujours[17].

Le Roi-Messie a pour mission de réaliser le pouvoir authentique. Plus ce roi sera parfait et plus son royaume sera proche du royaume de Dieu. Au contraire, plus le roi se croira autonome, plus il ne sera qu'un « roi d'ici-bas ».

Nous de l'espérance

J.E. — Après le germe et la corne, il y a dans notre bénédiction une troisième expression qui mérite qu'on s'y arrête : « toute la journée ».

Car nous espérons ton salut toute la journée
et nous attendons le salut.

Une fois de plus, la prière s'inspire de la Bible, et d'une profession de foi prononcée sur son lit de mort par le Patriarche Jacob.

En ton salut, j'espère, ô Eternel[18].

On retrouve ce même terme — j'espère — dans plusieurs psaumes et aussi, au pluriel cette fois, dans une formule dont l'Amida s'approche.

Et l'on dira ce jour-là :
« Voici notre Dieu en qui nous espérons,
en lui, nous espérons, et il nous sauvera[19]. *»*

Bien entendu, ce qui nous frappe ici, ce n'est pas que le croyant place son espérance en Dieu, mais cette précision, assez étonnante : « toute la journée ».

A.S. — Toute la journée, tout le temps, sans cesse ! C'est la condition du salut. Tout d'abord, il y a salut seulement lorsque les choses cessent de relever de la théorie ou de la métaphysique et deviennent réelles. A cet effet, il faut être sans cesse en position d'attente. C'est d'ailleurs ce que dit le Talmud. Parmi les premières questions que l'on pose à l'homme après sa mort, figure celle-ci : « As-tu bien attendu le salut[20] ? »

J.E. — Il y a toute une série de questions que l'on pose à l'homme, et qui nous éclairent profondément sur ce que le Judaïsme attend de la trajectoire terrestre de l'homme : « As-tu réservé des temps pour l'étude de la Torah ? As-tu commercé honnêtement[21] ? » Et puis, cette interrogation que vous citiez, et, qui est très particulière, puisqu'elle n'affecte pas tel ou tel type de comportement, mais consiste en l'exigence d'une attitude permanente.

A.S. — Le salut, il faut l'attendre sans cesse, ce qui veut dire : *pas seulement lorsque tout va mal.* Là, il est naturel d'attendre d'être sauvé ! Mais cette interrogation s'adresse à tous ceux qui mènent une vie normale, où les choses vont relativement bien : on exige d'eux qu'ils attendent et espèrent qu'elles aillent bien également *pour le monde entier.*

A cet effet, il est indispensable de ressentir le *manque ;* sinon je ne vis pas dans la perspective de l'attente du salut, et le monde reste inachevé.

J.E. — Il y a un commentaire très curieux qui montre que cette bénédiction est la quinzième de l'Amida. Le quinzième jour du mois, dans le calendrier juif, c'est la pleine lune. Or David était la quatorzième génération après Abraham, et Salomon la quinzième. Nous attendons le retour de cette « pleine lune », autrement dit, du royaume de plénitude que constituait le règne de Salomon. Je me souviens avoir rencontré en 1967 un général israélien qui m'a dit : « Nous, nous sommes de la génération de David, et, comme lui, nous avons dû faire des guerres. Nos enfants, eux, connaîtront la paix de Salomon ! »

A.S. — Il est vrai que lorsque nous prions pour la nouvelle lune, nous évoquons David.

Si le royaume de Salomon n'avait pas été divisé, il aurait marqué le commencement de la paix. Faut-il rappeler que le nom de Salomon vient du mot *chalom,* et qu'avec ce roi aurait dû s'ouvrir l'ère de la paix universelle ? L'échec de Salomon est tragique et depuis, nous sommes toujours en quête du salut.

J.E. — A cet égard, il est intéressant de constater que le véritable nom de Jésus, c'est *Yechouah,* qui signifie le salut.

Ce terme figure dans l'Amida. Nous attendons le salut, et les Chrétiens attendent celui qui porte le nom de salut !

A.S. — Attendre et espérer sont les conditions du salut. Dans la vie, il y a des choses que je n'ai pas besoin d'attendre, soit parce qu'elles arriveront inéluctablement, soit parce qu'elles ne me sont pas nécessaires. Mais il y a certaines choses dont je dois ressentir le manque si je veux qu'elles se produisent. Le germe de David existe : encore faut-il l'arroser !

SIXIÈME PARTIE

NOUS DE L'ESPÉRANCE

L'épilogue de l'Amida est à l'image des trois premières bénédictions qui constituaient un prélude en forme de louange. Le croyant quitte le registre des supplications pour conclure par une sorte d'hymne à la foi.

Dans les quatre dernières bénédictions, il exprime sa gratitude au Créateur de toutes choses. Elle s'articule autour de trois thèmes : la prière, la vie et la paix. Nous remercions tout d'abord Dieu pour être à l'écoute de l'homme ; ensuite, pour lui avoir donné vie, et la préserver tout au long de l'existence ; enfin, pour les multiples dons spirituels et matériels qui font que vivre, c'est davantage qu'exister.

Écoute-moi

Ecoute notre voix, Eternel notre Dieu.
Aie compassion et amour pour nous.
Reçois avec miséricorde et agrément
notre prière, car Tu es un Dieu
qui écoute prières et supplications.
Ne nous renvoie pas les mains vides,
car Tu écoutes avec compassion
les prières de Ton peuple, Israël.
Loué Sois-Tu, Eternel,
qui écoutes la prière.

Seizième bénédiction

Agrée, Eternel notre Dieu, ton peuple Israël
et sa prière. Ramène Ton service
dans le parvis de Ta maison.
Accueille avec amour et agrément
les sacrifices d'Israël et leurs prières
et que te soient toujours agréables
le service de Ton peuple Israël et ses prières.
Loué Sois-Tu, Eternel,
qui ramènes Sa Présence à Sion.

Dix-septième bénédiction

Josy EISENBERG. — Avec les seizième et dix-septième bénédictions, il se passe quelque chose de particulier, que l'on pourrait appeler : *la prière dans la prière.* En effet, il y sera question de la capacité de Dieu d'écouter ou d'exaucer nos prières, ce qui par ailleurs apparaît bien comme une condition *sine qua non* de toute prière !

Cette bénédiction aurait peut-être eu sa place en introduction à l'Amida. Mais si les rabbins l'ont placée en seizième position, c'est pour une raison très précise, et qui lui confère une tonalité particulière. Elle intervient, en effet, après deux bénédictions qui relèvent de l'eschatologie : la reconstruction de Jérusalem et l'avènement de David. C'est que, selon les rabbins, ces deux réalisations des espérances ultimes apparaissent comme le préalable à une « écoute » parfaite de Dieu. Ils se fondent, pour dire cela, sur un verset d'Isaïe qui laisse entendre que les prières — en l'occurrence, les sacrifices, dont il sera question dans la dix-septième prière — ne seront véritablement exaucées qu'après le retour à Sion et le rétablissement du Temple.

Je les amènerai sur ma montagne sainte,
je les réjouirai dans ma maison de prières,
leurs holocaustes et leurs sacrifices
seront agréés sur mon autel[1].

En fait, l'Amida comporte deux bénédictions relatives à la prière : la seconde évoque le service au Temple, dont parlait Isaïe ; la première — *Ecoute notre voix* — traite de la prière qui, selon la tradition, fut substituée aux sacrifices après la destruction du Temple.

Adin STEINSALTZ-EVEN ISRAEL. — Avec cette bénédiction, c'est le cycle central de l'Amida qui s'achève.

Rappelons-en la structure :

1) *Trois bénédictions* introductives : le fidèle se présente et proclame la grandeur divine.

2) *Douze — devenues treize — bénédictions* qui sont autant de *demandes précises* et constituent le noyau dur de l'Amida et sa spécificité. L'ultime demande, c'est la bénédiction *Ecoute notre voix.*

3) *Trois bénédictions finales.*

La seizième bénédiction présente une singularité : contrairement à celles qui la précèdent, elle n'adresse à Dieu aucune requête spécifique.

J.E. — Ni la santé, ni la prospérité, etc.

Et aussi tout ce que je n'ai pas pu te dire...

A.S. — Nous disons simplement : « Ecoute-nous. » C'est une sorte de « bénédiction-valise » : entends tout ce que j'aurais encore voulu te demander, te dire, te raconter. Sa fonction, c'est de créer un lieu pour des demandes supplémentaires.

Certes, on peut penser que toutes les demandes précises que nous avons formulées jusqu'à présent sont généralement suffisantes pour le commun des mortels. Mais il en est qui ont des attentes particulières et personnelles.

Au temps de l'occupation ottomane, un censeur turc avait été chargé de lire toutes les suppliques adressées au mur des Lamentations. Il a raconté qu'il avait lu des demandes très usuelles, mais aussi les requêtes les plus bizarres et totalement inclassables.

Donc, *Ecoute ma voix* signifie : « Veuille également accepter toutes mes autres demandes. »

J.E. — Celles qui ne sont pas formulées dans le texte de l'Amida.

A.S. — C'est déjà ce qu'avait dit le roi Salomon dans sa fameuse prière d'inauguration du Temple : « Accepte tous les genres de prière, tout ce que l'on peut imaginer. » Il y a des gens qui éprouvent le besoin de cette structure particulière, cette ouverture que constitue la bénédiction *Ecoute notre voix*.

D'ailleurs, la Loi juive a fait de cette bénédiction le lieu où l'on peut exprimer tout ce qui ne l'a pas été dans l'Amida, et il existe de nombreuses formules que l'on peut insérer dans cette bénédiction.

J.E. — En fait, ces diverses formules additives concernent essentiellement deux domaines : le pain quotidien et le pardon des fautes, bien qu'il en ait déjà été question dans l'Amida. Un des grands maîtres du vingtième siècle, le 'Hazone Ich[2], suggérait d'introduire une troisième demande : que les mères juives prient afin que leurs enfants soient des Sages de la Torah !

A.S. — Plusieurs bénédictions de l'Amida comportent des variantes ; mais c'est notre bénédiction qui en comporte le plus, et elles sont significatives. D'une part, dans une version séfarade, elle est précédée des mots « Père miséricordieux ».

Père miséricordieux, écoute notre voix.

Dans le final de cette bénédiction, on trouve également diverses variantes. Au lieu de : « Tu écoutes la prière de Ton peuple Israël », on dit : « La prière de toute bouche » ou encore : « de toute bouche de ton peuple Israël. »

Il existe même une ancienne plaisanterie en yiddich, qui joue sur une certaine lecture péjorative du mot bouche et donne à cette bénédiction le sens suivant :

Tu écoutes n'importe qui,
aussi peu méritant soit-il[3] !

En tout état de cause, le fondement de cette bénédiction, de cet appel à l'écoute divine, est exactement le même que dans la prière de Roch Hachanah, le Nouvel An.

Notre Père, notre Roi, aie pitié de nous
et réponds-nous bien que nous n'ayons aucun mérite.

Nous n'invoquons aucun mérite. Nous disons simplement : « Chez Toi, les portes sont ouvertes, on peut tout Te demander, puisque Tu écoutes tout le monde : les chiens, les chats, les mouches ; donc, je puis me joindre à eux ! »

Les voix du silence

J.E. — On retrouvera plus loin, dans l'Amida, cette idée : la Providence embrasse tout le vivant.

Et tous les vivants te rendent grâces[4].

Dans les Psaumes, on revient fréquemment sur cette sollicitude de Dieu à l'égard des animaux.

Les lionceaux réclament leur proie,
et demandent à Dieu leur nourriture[5].

Il faut cependant observer que l'on ne dit pas « écoute notre prière » mais « écoute notre voix ». C'est un terme plus vague : une prière sans mots, qui rappelle cette autre formule : « Tu écoutes la voix des larmes[6]. »
C'est comme si nous disions : « Ecoute ce que nous ne pouvons pas formuler. »

A.S. — C'est que le sens profond de toute prière, de toute demande, c'est « prête-moi attention ». C'est comme un enfant

qui pleure : il ne sait pas parler, mais il désire quelque chose.
« Ecoute notre voix », c'est l'expression d'une certaine forme de
voix. Cela ressemble à la voix du chofar[7] : une voix qui n'a rien
de musical, une voix toute simple et néanmoins fondamentale.

Une très ancienne parabole raconte l'histoire d'un fils de roi
parti en exil. Il s'est absenté si longtemps qu'il a fini par oublier
la langue que parle son père. Pour entrer au palais, il peut
seulement crier, afin qu'on le reconnaisse à sa voix. C'est ce
que nous essayons de dire dans cette bénédiction : « Je n'ai pas
les mots pour parler ; alors, écoute mon cri ! »

Finalement, tout ce que je demande, c'est de *pouvoir prier*,
et qu'il y ait quelqu'un à qui je puisse m'adresser. Je ne
demande même pas de réponse : je veux que Tu m'écoutes. Il
ne s'agit pas de parler pour parler, mais pour être entendu.
C'est ce qui différencie la prière d'une déclaration ou d'une
conférence. En fait, la prière n'est pas vraiment un dialogue.
C'est plutôt un monologue, mais pas ce genre de monologue
que l'on appelle soliloque et où je me parle à moi-même. Si
c'était le cas, on ne pourrait plus parler de prière. Car, quel
que soit le contenu de ma prière, qu'elle soit faite de louanges
ou de récriminations, tant que Tu m'écoutes, je suis dans la
prière.

Est-ce que je t'intéresse ?

J.E. — Nous ne nous contentons pas de dire : « Ecoute-
moi. » Nous procédons par une affirmation catégorique :

Car Tu écoutes la prière de Ton peuple.

Quelquefois, je me demande s'il ne s'agit pas là, sinon d'une
habile flatterie, au moins d'une tentative de persuasion !
Comme si le fidèle voulait placer Dieu devant un fait accompli,
et avait décidé unilatéralement que Dieu l'écoutait ! On
retrouve la même attitude dans la prière de Salomon, qui n'hésite pas à dire à Dieu : « Toi, Tu écouteras[8]. »

A.S. — Le fait de prier pose d'emblée un problème philosophique : pourquoi prier ? Dieu ne sait-il pas de quoi je souffre,
et ce qui me manque ?

Mais en vérité, la « voix » dont nous parlions est davantage
qu'un simple cri ou qu'un appel. Il ne s'agit pas seulement de
mes manques, que, d'ailleurs, je ne connaîtrai peut-être jamais
réellement.

J.E. — En français, entendre signifie également comprendre. Donc, ce que nous demandons à Dieu, c'est de nous
comprendre, et, sans doute, d'approuver notre requête impli-
cite. De comprendre nos désirs, précisément parce que nous ne
les formulons pas.

A.S. — Il y a dans toute prière une très forte part de subjectivité : j'y exprime ce que je ressens *maintenant* et quel est
maintenant mon état d'esprit. Et le problème n'est pas d'ordre
théologique, mais relève de la psychologie. Car mes demandes
ressemblent aux exigences d'un enfant gâté : je ne réclame pas
ce qui me serait dû mais ce que je désire. Je ne prétends pas que
cela m'est nécessaire voire indispensable : j'exprime un désir. Il
est possible, objectivement, non seulement que je ne mérite pas
d'être exaucé, mais que cela ne soit pas mon intérêt véritable.
D'où l'importance de cette formule : « Tu sais écouter. »
Accorde-nous ce que nous pensons être bon pour nous !

J.E. — Je reviens sur ma question. N'essaie-t-on pas de
faire pression sur Dieu en lui disant : « Tu écoutes » ? Ce verbe,
au présent, ressemble fort à un impératif.

A.S. — Mais si vous lisez bien les autres bénédictions, elles
sont toutes au présent ! Tu ressuscites les morts, tu guéris les
malades.

J.E. — C'est une proclamation de foi. Dieu n'est pas en
puissance, mais en acte. Dieu est *déjà* présent.

A.S. — C'est qu'on ne peut accomplir les commandements ni prier sans croire ! Et parler de Dieu au présent, comme en train de faire les choses, c'est en effet un indispensable acte de foi. Et l'un des éléments fondamentaux de la foi, c'est de dire que Dieu nous écoute parce que nous valons quelque chose. Sinon, si je ne valais pas davantage qu'une vis, si je n'étais qu'un accident d'ADN égaré dans le vaste monde, je n'aurais pas la moindre raison de prier.

Dire : « écoute notre voix », c'est affirmer : « Tu m'écoutes, donc je t'intéresse. » Et c'est ce qui me donne la possibilité de prier.

Objet de compassion

J.E. — Nous sommes arrivés à un point extrêmement important de notre réflexion sur l'Amida : la nécessité pour l'homme de croire que sa vie représente une certaine valeur, fût-elle minimale, pour Dieu. Comme le disait un maître du Hassidisme, je suis moins que rien, et pourtant j'existe ! Dans une formulation à la fois précise et subtile, la suite de notre bénédiction va s'efforcer de justifier la valeur que nous attribuons à notre existence. A cet effet, elle recourt à deux arguments très différents : le *gâchis* et l'*amour*.

Ecoute notre voix, Eternel notre Dieu,
épargne-nous et compatis.

En effet, on utilise ici deux verbes que l'on traduit généralement par « aie pitié de nous, donne-nous ta compassion », mais qui ont une signification bien plus précise : *épargner* et *aimer*.

Le verbe *'houss* signifie épargner et il est généralement utilisé comme synonyme de « prendre en pitié » : il s'agit des hommes[9]. Cependant, dans certains cas, il apparaît clairement que ce verbe concerne plus précisément des objets. Ainsi, lorsque la famille de Joseph s'apprête à immigrer, en Egypte, il dit à ses frères :

Que votre œil n'ait pas de regret pour les objets
que vous laisserez en Canaan[10].

De même, Dieu dit à Jonas, qui pleure pour la mort du ricin qui l'abritait du soleil :

Tu aurais voulu épargner ce ricin...
et Moi, je n'épargnerais pas Ninive[11] *?*

Aussi bien trouvons-nous ici une double idée. D'une part, nous demandons à Dieu de nous épargner, comme si nous étions des objets ; de l'autre, de nous aimer et de nous prendre en compassion (le verbe RHM a les deux sens) en tant qu'êtres humains : objets et sujets. La seconde idée est claire ; la première trouve sa plus forte expression dans le livre de Job. L'homme est l'œuvre de Dieu. En le châtiant ou en le tuant, Dieu se livre à une sorte de vandalisme, tel un peintre qui brûlerait son œuvre.

Ce sont Tes mains qui m'ont formé et façonné,
et Tu me détruirais[12] *?*

A.S. — Epargne-nous, car ce serait dommage de nous « dilapider » : nous disons cela dans de nombreuses prières, notamment pendant les Jours Redoutables[13]. Dans les Psaumes, nous disons également que « les morts ne louent pas Dieu[14] ». A quoi sert un homme mort ?

L'autre verbe évoque plutôt la compassion. Entre ces deux idées, il y a une différence de taille. Je n'épargne que *ce qui vaut quelque chose* ; mais je puis avoir compassion de ce *qui ne vaut rien !* Quand je dis : « Epargne-moi », j'affirme que je vaux quelque chose. Mais si je ne vaux rien, alors s'impose un autre élément, qui relève de l'émotion : la compassion. Et cela va beaucoup plus loin, car celui qui compatit n'attend rien de l'objet — du sujet — de sa compassion. On n'exige rien de lui, sinon qu'il soit misérable !

La matrice du Père

J.E. — Le terme de compassion pose en fait un véritable problème. La racine *R'HM* désigne étymologiquement la matrice, l'utérus. Or, de cette racine sont dérivés l'adjectif *ra'hum* (compatissant) et le substantif *ra'hamim* (la miséricorde), deux termes extrêmement fréquents dans la Bible. Il s'agit donc, apparemment, d'une vertu spécifiquement féminine. Pourtant, elle est attribuée à Dieu. Certes, Dieu n'est pas plus masculin que féminin ; d'ailleurs, dans certains textes gnostiques, on le représente comme une mère allaitant des petits [15]. Néanmoins, les Psaumes disent explicitement « comme un Père qui a compassion de ses enfants, c'est ainsi que Tu auras compassion de nous [16] ». Il s'agit bien de « Dieu le Père ».

Surtout, dans les versions que vous citiez, notre bénédiction commence par cette invocation :

Père miséricordieux, écoute notre voix...

Si l'on tient compte de l'étymologie, cette conception apparaît pour le moins paradoxale. Les hommes sont-ils vraiment plus compatissants et capables de pitié que les femmes ?

A.S. — Vous soulevez un problème délicat. En fait, il y a une grande ambivalence, pour le moins, dans la conception de la femme que l'on trouve dans la plupart des grandes civilisations anciennes : non seulement dans la Bible, mais dans tout le Proche-Orient, le monde grec et l'Extrême-Orient.

Partout, l'image de la femme est associée à une sorte de peur : la femme est, certes, associée à l'amour — *Eros* — mais elle l'est aussi à *Thanatos :* la mort. On retrouve cette association dans toutes les mythologies.

C'est que le rapport entre l'utérus et la compassion est loin d'être simple. La femme est toujours comparée à la terre.

J.E. — Elle est dite féconde, ou stérile ; elle porte des fruits...

A.S. — Or, si tout naît de la terre, elle est aussi le lieu de la mort.

J.E. — Tu viens de la terre, et tu y retournes...

A.S. — C'est pourquoi la mort — la faucheuse — est si couramment représentée sous les traits d'une femme. C'est la déesse de la mort, Kali aux Indes, Persépone à Rome. Il y a là une profonde ambivalence : la femme est à la fois le symbole de la vie et de la mort. C'est sans doute ce qui explique le recours au concept de « Père compatissant ».

Il était une fois le Temple

Comme dit précédemment, depuis la destruction du Temple, la prière a remplacé les sacrifices. Elle est devenue la nouvelle forme de ce que l'on appelle *avoda :* le service, le culte de Dieu. Ce fut une véritable révolution cultuelle. On aurait pu la considérer comme définitive. Mais Israël n'a jamais renoncé à l'espoir de voir le Temple reconstruit. Aussi bien la dix-septième bénédiction exprime-t-elle l'attente d'un retour aux formes anciennes du culte.

> *Agrée, Eternel notre Dieu, ton peuple Israël,*
> *et sa prière. Ramène Ton service*
> *dans le parvis de Ta maison.*
> *Accueille avec amour et agrément*
> *les sacrifices d'Israël et leurs prières*
> *et que Te soient toujours agréables*
> *le service de Ton peuple Israël et ses prières.*
> *Loué Sois-Tu, Eternel,*
> *qui ramènes Sa Présence à Sion.*

Cette bénédiction appelle plusieurs observations. Tout d'abord, selon la Tradition, les sacrifices n'ont jamais vraiment cessé. Il y a au ciel un autel où l'archange Michael apporte des sacrifices.

J.E. — Il ne s'agit évidemment pas d'animaux, mais selon les rabbins, des âmes des Justes. Elles sont « agréables à Dieu », un thème que nous aurons à développer.

A.S. — Le Temple d'En-Haut, dans la Jérusalem, existe toujours ; il reste à reconstruire le Temple d'En-Bas. Subsiste une question : que disait-on dans l'Amida avant la destruction du Temple ? Nous avons conservé la formule originelle dans la liturgie des Jours Redoutables. On disait : « C'est Toi seul que nous servons dans la crainte. » Autrement dit : « Accepte notre service, nous sommes tes fidèles serviteurs. » Aujourd'hui, la formulation est bien entendu différente. Elle signifie : « Et si Tu rétablissais le service d'antan ? »

Au plaisir de Dieu

J.E. — Le maître mot de cette bénédiction, c'est un terme qui y revient deux fois : agrée nos sacrifices et nos prières. Il s'agit d'un verbe aux significations multiples, dont le sens premier est *vouloir*. Dans la liturgie des sacrifices, il connote le fait que les sacrifices — ou les prières — sont à la fois agréés et agréables. Cette formule revient des dizaines de fois dans le livre du Lévitique : les sacrifices y sont toujours décrits comme *leratsone lifné Hachème*, littéralement : « voulus par Dieu », en fait, lui procurant un véritable *agrément*, au double sens du terme.

Dire que l'on accomplit la volonté de Dieu est une chose ; dire qu'elle procure du plaisir à Dieu en est une autre, plus difficile à comprendre. Il me paraît d'autant plus important d'y réfléchir que, dans la mystique juive, l'idée d'un véritable plaisir procuré à Dieu par les hommes a connu une grande fortune sous le nom d'*Oneg Elyon*, délice suprême. Mais ne s'agit-il pas là d'un anthropomorphisme extrêmement violent ?

A.S. — Certes, mais cet anthropomorphisme apparaît déjà dans la Torah, lorsque Noé sort de l'arche et offre un sacrifice à Dieu.

Dieu sentit l'odeur agréable et dit :
« Je ne maudirai plus la terre à cause de l'homme [17]*... »*

Quant à ce terme qui apparaît constamment dans le Lévitique — *Leratson* (en agrément) — il a pris, même en hébreu moderne, le même sens qu'en araméen : être satisfait. Nous souhaitons que nos actes satisfassent Dieu. C'est le sens de la formule liturgique qui revient sans cesse dans nos prières : « qu'il y ait une volonté devant Toi » : que cela te soit agréable !

J.E. — Que Dieu puisse éprouver du plaisir, voire du désir, est un peu contradictoire avec ce que les philosophes et les cabbalistes disent de Son immuabilité et de Sa perfection.

A.S. — Un verset du livre de Job illustre bien ce qui peut apparaître comme un paradoxe. Job dit à Dieu. « Tu désires l'œuvre de Tes mains [18]. »

J.E. — Le paradoxe, c'est que Dieu, qui possède tout, puisse désirer l'homme, « l'œuvre de ses mains ».

A.S. — Non seulement, l'homme est en quête de Dieu, mais Dieu est aussi en quête de l'homme ; il en a en quelque sorte la nostalgie. C'est évidemment un anthropomorphisme, mais, somme toute, toute prière implique une certaine forme d'anthropomorphisme. Sans quoi, même une simple relation intellectuelle serait impossible. C'est que nous sommes des êtres humains limités, et ne pouvons parler que le langage des hommes. Même lorsque nous faisons des mathématiques, elles sont exprimées dans le langage des hommes, et à plus forte raison lorsque nous philosophons.

Le concept de « Volonté d'En-Haut » repose incontestablement sur les sacrifices, où apparaît sans cesse la formule « odeur agréable ». Elle signifie : « Vous Me procurez du plaisir en accomplissant Ma volonté. »

De chair et de sang

J.E. — Vous évoquez les sacrifices, et nous prions pour leur rétablissement. Voilà qui pose un sérieux problème, et qui préoccupe de nombreux Juifs. Lorsque le Temple sera reconstruit, faudra-t-il vraiment recommencer à sacrifier des animaux ? Un des grands maîtres juifs du vingtième siècle, le Grand Rabbin Abraham Kook, pensait que l'on offrirait des fleurs, et bien des Juifs rejettent l'idée de sacrifices animaux.

A.S. — C'est évidemment un vaste sujet, qui appelle plusieurs observations. Tout d'abord, les personnes qui émettent des réserves sur les sacrifices et répugnent à l'effusion de sang me semblent réagir comme si elles n'étaient pas, elles-mêmes, faites de chair et de sang ; comme si elles vivaient dans les livres, ou faisaient semblant de ne vivre que dans les livres.

Seconde observation : notre vie, dans ses aspects les plus profonds, est liée à notre corps, et toutes nos jouissances physiques en dépendent. Elles relèvent d'ailleurs des racines les plus inconscientes de notre être.

Sans doute les hommes ne se préoccupent-ils pas ouvertement de leur chair, de leur sang ou de leur sueur. Mais en maintes circonstances, ce sont précisément toutes ces choses qui revêtent pour eux la plus grande importance. Si les hommes devaient y renoncer, ce serait en faveur d'une chose que j'ose à peine nommer devant des Français : l'amour platonique ! Peut-on souhaiter pire châtiment à quelqu'un ? C'est de cette manière que ceux qui s'opposent aux sacrifices voudraient « faire l'amour » avec Dieu...

J.E. — Si je pose cette question, c'est que depuis près de deux mille ans, nous parlons du « service du cœur » — la prière — comme s'étant substitué au service du Temple : les sacrifices. On a souvent considéré cette mutation, imposée par les circonstances, comme un authentique progrès, comme une sorte de sublimation. N'est-elle pas irréversible ? Certains philosophes, au dix-neuvième siècle, ont dit que cette sublimation consistait à « sacrifier la bête qui est en nous ». Il est vrai que j'ai également entendu dire que les personnes qui refusent les sacrifices devraient cesser de manger de la viande !

A.S. — J'ai parlé d'amour platonique : on peut aller plus loin. Il existe un moyen d'être dans l'abstraction la plus totale : c'est la mort ! Mais je ne sache pas que les personnes prétendant à une vie purement spirituelle soient disposées à se suicider. Nous ne sommes, certes, qu'un morceau de chair ; mais nous avons avec lui une très forte relation affective ! Si l'on refuse à la vie de la chair toute valeur religieuse, au nom du progrès, pourquoi ne pas dire alors que la mort constitue un progrès par rapport à la vie ? Le mort n'a plus besoin de manger, de boire ni de toutes sortes de fonctions peu ragoûtantes ! Il est totalement propre et pur ! Mais qui a envie d'un tel sort ?

N'est-ce pas, au demeurant, la valeur attribuée à la vie du corps qui explique l'aspiration au retour à Sion ? Spirituellement, on peut soutenir qu'il aurait mieux valu que le peuple juif reste dispersé, et mène une vie toute « spirituelle ! ». C'est le même problème : l'âme désire un corps tout comme le corps a besoin d'une âme pour vivre.

Dans l'Amida, il y a à la fois un aspect très abstrait : « Ecoute nos prières, agrée-les », et l'aspect le plus concret : « Ramène Ta présence à Sion et rétablis les sacrifices. » Il s'agit bien d'un lieu précis, de ce monde concret au sein duquel nous vivons. Car nous sommes des êtres amphibies, nous vivons à la fois dans le monde de la matière et dans celui de l'esprit, et nous nous sentirions mal s'il nous fallait vivre dans un seul élément ! Toute prière constitue précisément un pont entre ces deux mondes, et l'homme est une « interface » entre la matière et l'esprit.

Résurrections

J.E. — Les diverses suppliques adressées à Dieu dans les seizième et dix-septième bénédictions convergent vers le Temple de Jérusalem et une ultime supplication en forme d'affirmation :

Loué Sois-Tu, Eternel,
qui ramènes Sa Présence à Sion.

Une fois de plus, l'Amida évoque ce thème de l'absence de
Dieu, que nous avons déjà commenté mais de façon explicite
cette fois [19].

A.S. — Le verbe utilisé ici — *ramener* — renvoie manifestement à la résurrection des morts. Dans la prière du matin,
une première bénédiction remerciait Dieu...

... Qui ramène les âmes aux corps morts.

Il existe un véritable parallélisme entre le retour, au petit
matin, de l'âme dans le corps et le retour de la Présence à Sion.
La nuit, la matière et l'esprit ont été séparés ; il faut les réunir
pour rendre à l'homme sa plénitude. De même, Dieu a été
séparé de Sion, et son retour sera un moment de plénitude.
C'est ce que nous disions à propos de la résurrection des
morts [20]. L'idéal, ce n'est pas une âme pure, mais la résurrection
dans un corps : réunir l'âme et le corps, mais cette fois, dans
de meilleures conditions.
De la même façon, le rétablissement du Temple et les prières
d'Israël agréées à Sion s'enracinent dans un monde et un espace
précis. C'est le retour à la plénitude et à l'image originelle.

J.E. — Dieu est en exil parce que Israël est en exil. Que se
passe-t-il aujourd'hui, où une partie du peuple juif est retour-
née en Israël ? Dieu est-il davantage présent à Jérusalem ? Le
sionisme a-t-il eu pour conséquence un certain retour de la
Présence ?

A.S. — C'est, en tout cas, une tentative de ramener la Présence. Comme toute tentative, elle peut être plus ou moins
accomplie. Mais que les hommes l'aient voulu ou non, le sionisme, mouvement complexe, reste visiblement un mouvement
messianique. Le Messianisme, c'est le retour de la Présence, qui
commande le retour des hommes.

J.E. — Il est frappant d'observer que, dans nos prières, et notamment dans la dix-septième bénédiction, nous parlions non pas de retour à Jérusalem, mais de retour à Sion. Voilà bien qui confère au mot sionisme, quelles qu'aient été les intentions de ses pionniers, une dimension messianique.

A.S. — C'est la nature même du sionisme. En tant que mouvement politique, il peut mourir ; il est peut-être déjà mort.

J.E. — On en discute beaucoup en Israël.

A.S. — Oui, mais les aspirations qui figurent dans notre bénédiction, et tout ce qui les accompagne, ne meurent pas avec le sionisme. Un aimant s'arrête seulement lorsqu'il a atteint son but. Autrement dit : les Juifs peuvent bien continuer à pérégriner en apportant au monde divers bienfaits et en commettant aussi, de temps à autre, quelques dégâts ! Mais c'est parce qu'ils ne sont pas à leur place, et tentent, plus ou moins consciemment, d'y revenir. Quand ils y seront parvenus, le monde entier retrouvera sa sérénité.

Un monde de gratitudes

Nous Te sommes reconnaissants
d'être l'Eternel notre Dieu
et le Dieu de nos pères
à tout jamais.
Rocher de notre vie,
bouclier de notre salut,
Tu l'es, de génération en génération.
Nous Te sommes reconnaissants
et réciterons Ta louange
pour notre vie,
livrée en Ta main.
Pour nos âmes,
qui Te sont confiées.
Pour Tes miracles quotidiens.
Pour toutes Tes merveilles.
Pour Tes bontés de tous les jours,
matin, midi et soir.
Tu es bon et Ta compassion
est inépuisable.
Tu es compatissant, et Tes bontés
sont sans fin.
Depuis toujours, c'est en Toi
que nous espérons.

Dix-huitième bénédiction

Josy EISENBERG. — L'avant-dernière bénédiction est sans doute la plus originale des bénédictions de l'Amida. Elle est sans commune mesure avec celles qui la précèdent, et qui, en dehors de l'introduction, n'étaient qu'une longue liste de requêtes et de souhaits. Soudain, le ton change. Nous ne parlons plus de ce que nous voudrions obtenir, mais de ce que nous avons obtenu : les dons de Dieu. Et cette bénédiction, la plus longue de l'Amida, est comme un hymne, un *Te Deum*, qui a pour maître mot la reconnaissance, aux divers sens du terme.

Je ne sais pas si vous avez des préférences parmi les bénédictions de l'Amida. Mais je ne vous cache pas que cette bénédiction est pour moi la plus belle et la plus émouvante, celle qui, à mon sens, manifeste la quintessence du sentiment religieux : la dépendance et la gratitude.

Le chant des vivants

Adin STEINSALTZ-EVEN ISRAEL. — C'est affaire de goût, et comment nous ressentons les choses ! Il est vrai que cette bénédiction diffère des autres : c'est une louange. Qu'est-ce qui différencie la louange de la bénédiction ? Dans les bénédictions de l'Amida, j'exprime une demande parce que je suis en manque.

La louange, c'est autre chose : je n'exprime pas un quelconque manque : je dis « merci ».

Cela dit, observons tout d'abord que cette bénédiction — on devrait plutôt dire cette louange — est très générale. Elle ne compte pas véritablement d'inventaire. Je ne remercie pas Dieu pour ma maison, ma voiture ou pour avoir gagné au Loto ! Je dis simplement, en substance : « Je Te suis reconnaissant d'être vivant. » Tout ce que nous disons — « merci pour la vie, l'âme, les miracles quotidiens » —, tout cela revient à une seule et même idée générale : nous Te sommes reconnaissants d'être en vie.

J.E. — Précisons que le verbe reconnaître, en hébreu comme en français, a une double signification.

1°) *Reconnaître* quelqu'un, quelque chose ; reconnaître les faits, la vérité. C'est un jugement de réalité ; ce n'est pas un jugement de valeur. Il n'implique pas que la personne qui « reconnaît » éprouve un quelconque sentiment. Nous y reviendrons.

2°) *Remercier*, au sens d'être reconnaissant. Je le répète : cela définit la nature même du sentiment religieux.

A.S. — La reconnaissance est un sentiment extrêmement profond ; si profond qu'il excède les limites du sentiment religieux et même de la condition humaine. Car, somme toute, même un chien, un chat ou un tigre peuvent éprouver un certain sentiment de reconnaissance ! Mais il est quelque chose qui nous différencie du monde animal : notre capacité à exprimer ce que nous ressentons par des mots.

Que nous l'exprimions ou non, ce sentiment existe. Si un homme ne l'éprouve pas, c'est qu'il a un grave problème et qu'il manque sans doute un élément très fondamental à sa personnalité. Un homme ingrat est peut-être inférieur à un animal... D'ailleurs, même un arbre manifeste une certaine reconnaissance ; il réagit, quasi automatiquement, à ce qu'il reçoit.

Dans certains livres de prières figure un poème qui décrit le chant de toutes les créatures. Car toute créature chante, d'une certaine façon : c'est sa manière d'exprimer qu'elle vit. Un célèbre Midrach raconte que le roi David, traversant un fleuve, s'adresse à Dieu et dit : « Maître du Monde, qui a récité pour Toi autant de cantiques que moi ? » A ce moment-là, une grenouille sort du fleuve et dit : « Moi, je chante davantage. » Elle voulait dire : « Je chante davantage, pas en chantant, mais en étant davantage reconnaissante ! » Tout son qu'elle émet est une sorte de cantique de reconnaissance.

Certes, de cela la grenouille n'est pas consciente alors que nous, les hommes, nous savons.

Il est vrai que selon la Bible, les animaux, d'une certaine manière, savent également. Je pense à ce très beau texte d'Isaïe qui parle des capacités de reconnaissance du monde animal et l'oppose à l'ingratitude des hommes.

Le bœuf connaît son propriétaire,
et l'âne, la mangeoire de son maître.
Israël ne sait pas, mon peuple ne comprend pas[1].

Je dirais plutôt : Israël sait, mais refuse de reconnaître.

Connaître et reconnaître

J.E. — Voilà qui nous amène à parler du premier sens de la reconnaissance : reconnaître les faits. Il y a des gens qui refusent de reconnaître l'existence d'autrui, ou celle de Dieu. Il y a même des Etats — longtemps il y en eut beaucoup — qui refusent de reconnaître l'Etat d'Israël ; ils savent cependant qu'il existe...

Or, ce qui m'a toujours frappé, c'est que la reconnaissance de la vérité constitue l'essence même du Judaïsme. Le terme même de Judaïsme provient de Judah, le quatrième fils de Jacob, dont le nom est dérivé de la racine *hodot* : reconnaître.

Et Judah est doublement impliqué dans ce concept. D'une part, à sa naissance, il reçoit ce nom parce que sa mère exprime sa reconnaissance à Dieu.

Cette fois-ci, je suis reconnaissante envers l'Eternel[2].

Ici, ce verbe apparaît au sens de gratitude. Mais, d'autre part, dans un célèbre épisode où sa bru Tamar risque la mort à cause de lui, Judah plaide publiquement coupable[3].

A.S. — C'est reconnaître, au même sens que l'on reconnaît ses fautes. On ne les reconnaît pas toujours de bon cœur ; quelquefois, on n'a pas le choix ! Il s'agit simplement de reconnaître une réalité, même si je ne la comprends pas, même si je ne suis pas en paix avec elle.

Autrement dit, le sentiment de reconnaissance ne procède pas nécessairement de la rationalité. J'aimerais donner un exemple tiré de la Loi juive, qui interdit les pots-de-vin. Or, il y a dans le Talmud de nombreuses anecdotes relatives à des rabbins, faisant fonction de juges, auxquels on a offert des présents, quelquefois insignifiants, ou rendu un petit service, et qui s'estimaient disqualifiés pour juger.

J.E. — Le cas le plus frappant est celui d'un rabbin auquel un homme avait un jour tendu la main pour passer un gué et qui, bien plus tard, amené à juger cet homme, s'est récusé en disant : « Il m'a aidé, je ne suis plus impartial[4] ! »

A.S. — Qu'on le veuille ou non, le sentiment de reconnaissance est tellement fondamental qu'il s'imprime quelque part dans l'inconscient, sinon dans la conscience.

Quant au fait d'exprimer notre reconnaissance, comme nous le faisons dans la prière, avec cette bénédiction très particulière, il pose un autre problème. Quand est-ce que j'éprouve un sentiment de gratitude ? Seulement lorsque je considère que ce que j'ai reçu constitue véritablement un *cadeau*. Or je pourrais faire des comptes avec Dieu : je suis pauvre, je suis malade, j'ai divers problèmes, pourquoi Te remercier ? Pour mes misères, mes déboires conjugaux, mes difficultés professionnelles ?

J.E. — De tout cela, nous avons fréquemment parlé dans les bénédictions précédentes, en énumérant nos manques et attentes. Ici, il n'est question que de reconnaissance.

A.S. — Et elle porte sur un point fondamental : je Te remercie d'être en vie. De m'avoir donné la vie.

J.E. — En français, merci signifie compassion ; en hébreu, on dit *toda* : littéralement, reconnaissance, c'est le verbe employé ici. Mais je voudrais revenir sur une de vos affirmations : la reconnaissance serait un sentiment naturel. Ce n'est pas évident. On a observé, notamment en psychanalyse, que faire du bien à quelqu'un suscite quelquefois, au contraire, des réactions d'hostilité, voire de haine. La littérature fourmille d'exemples d'ingratitude. Les êtres humains ressemblent quelquefois à ce chien qui mord la main de celui qui l'a recueilli et nourri. Etre le débiteur de quelqu'un peut créer un sentiment d'humiliation et, par conséquent, susciter des réactions qui sont à l'opposé de la reconnaissance.

A.S. — C'est justement parce que la gratitude ne vient pas si naturellement aux hommes que l'on a introduit cette bénédiction dans l'Amida. Car nous ne vivons pas une vie naturelle, comme la grenouille ; pour elle, c'est plus facile. D'abord, parce qu'elle n'est pas en analyse ; quelquefois, cela aide ! Ensuite, parce que moins un être est complexe, et moins il fait des comptes. Il réagit simplement avec son corps, sa queue, sa voix. Les êtres humains sont un peu plus complexes. Ils se servent du langage, ce qui les contraint à clarifier les choses, et donc à peser le pour et le contre. Dans l'Ecclésiaste, il est écrit :

Dieu a fait les hommes droits
mais ils font beaucoup de calculs [5].

L'être humain n'est pas neutre ; il se livre à toutes sortes de comptes.

Dans un autre ordre d'idées, le fait de dire « je Te remercie » n'implique aucun engagement à quelque action que ce soit. Je ne promets rien, je ne dis pas que je serai meilleur et plus gentil. Je reconnais simplement les faits, ce qui est extrêmement important, car il faut parvenir à les formuler, et cela nous est si peu naturel qu'on doit nous apprendre à le dire.

Je suis vivant

J.E. — Vous disiez que cette bénédiction de gratitude ne comporte pas vraiment d'énumération de toutes les choses que nous avons reçues et pour lesquelles nous devrions être reconnaissants à Dieu. Je ne suis pas tout à fait d'accord avec vous. Certes, on ne parle ni des biens matériels, ni des talents, ni du bonheur et *tutti quanti*. Mais on dit tout de même : « Merci pour nos vies qui te sont livrées, et nos âmes qui te sont confiées en dépôt. » La vie — l'existence physique — et l'âme — la vie spirituelle — ce n'est pas rien ! Ces deux dons présupposent tous les autres ! Le mot important, ici, c'est sans doute le terme de « dépôt ». Il s'agit manifestement d'une allusion à une idée fondamentale : chaque nuit, l'âme est censée retourner à Dieu durant notre sommeil, puis nous est *restituée* au petit matin. D'ailleurs, les premiers mots que l'on prononce au réveil ont précisément trait à cette croyance.

Je te suis reconnaissant, ô roi éternellement vivant,
de m'avoir rendu mon âme, avec amour :
grande est ta fidélité[6].

Si notre âme est en quelque sorte confiée à Dieu en dépôt à mi-temps, notre vie lui est confiée en permanence. Nous sommes entre les mains de Dieu. Et il est d'autant plus légitime de rendre grâces à Dieu de ne pas nous retirer ce « dépôt » que nous n'avons aucun recours contre Lui s'il s'y refuse !

A.S. — Remarquez que, si l'on commençait à faire des comptes, on pourrait être tenté de dire : « Ce dépôt est trop cher, et les intérêts qu'il me faut payer sont trop élevés ! » Mais cette prière pose un autre problème : somme toute, se réveiller et constater que l'on est toujours en vie, quoi de plus naturel ? Pourquoi ne devrais-je pas être vivant ? Pourquoi remercier Dieu ?

C'est qu'en réalité, nous ne ressentons généralement la vie comme un don que dans des circonstances exceptionnelles. Un homme qui est le seul survivant d'un tremblement de terre s'exclamera : « Je te remercie, Dieu. » Il n'a pas besoin d'un livre de prières pour le dire ! Tout comme une personne qui se réveille après une opération. Mais ce sentiment de gratitude est souvent occulté, il se dissout dans l'habitude et le quotidien. Et c'est pour cela qu'il nous est demandé de manifester notre gratitude trois fois par jour dans l'Amida. Cela revient à dire : vivre, cela ne va pas de soi.

Une âme habituée

J.E. — Charles Péguy disait : « Il y a quelque chose de pire que d'avoir une âme perverse, c'est d'avoir une âme habituée. » Il me semble que c'est de cela qu'il s'agit ici. La suite de cette prière le confirme d'ailleurs : elle parle des « miracles » du quotidien.

> *Pour les miracles que Tu accomplis jour après jour,*
> *pour Tes prodiges et bontés permanentes,*
> *matin, midi et soir.*

D'autre part, nous récitons chaque chabbat un psaume de gratitude.
Psaume. Cantique du jour du chabbat :

> *Il est bon de rendre grâces à Dieu,*
> *et de chanter Ton Nom suprême,*
> *de proclamer Ta bonté au matin*
> *et le soir, Ta fidélité...*
> *Car Tu me réjouis par Tes œuvres*
> *et je chante l'œuvre de Tes mains[7].*

A.S. — Nous remercions en effet Dieu pour « [Tes] miracles, matin, midi et soir ».

J.E. — Ce sont les trois prières quotidiennes, ponctuées, chaque fois, par la récitation de l'Amida.

A.S. — La fonction de toute bénédiction, c'est de m'apprendre à regarder ce qu'il y a de prodigieux dans la vie, et que j'oublie de prendre en compte. Toutes ces merveilles que nous énumérons au début de l'office du matin : je me réveille, j'ouvre les yeux, je vois, je marche, mon corps fonctionne, je ne les ressens plus comme des merveilles.

J.E. — A cause de la routine...

A.S. ... et parce que l'on s'habitue bien plus vite aux bonnes choses qu'aux mauvaises ! Finalement, quand est-ce que j'ai envie de dire à Dieu : « Merci de me permettre de marcher » ? Lorsque je me suis cassé la jambe et que j'ai marché trois mois durant avec des béquilles. La première fois que je puis faire trois pas, là, je comprends vraiment le sens de cette bénédiction !
Dans son célèbre hymne à la patrie, le poète polonais Adam Minkiewicz a écrit : « La patrie, c'est comme la santé ; on en mesure l'importance seulement quand on l'a perdue. » Tant qu'on a la santé, tout paraît naturel ; et de même pour la patrie.

J.E. — Voilà un poème polonais que tous les Juifs peuvent aisément reprendre à leur compte ! Une précision me paraît cependant s'imposer. Nous parlons sans cesse de miracles et de prodiges. En général, ces termes désignent des événements surnaturels : la traversée de la mer Rouge, la chute des murailles de Jéricho. Ici, il n'est pas question de cela : c'est le quotidien qui est miraculeux.

A.S. — Pour toutes les créatures, dès qu'une chose s'est produite trois ou quatre fois elle devient habituelle. S'interroger pour savoir si une chose est *naturelle* consiste simplement à se demander si elle est habituelle. Et la question de savoir si elle est ou non juste ne se pose même pas. Prenons le cas des Hébreux dans le désert du Sinaï : chaque jour, la manne tombait du ciel. C'était vraiment un grand miracle. Est-ce que cela a influé sur la foi du peuple ? Peut-être les deux premiers jours ! Après, c'était devenu naturel, la manne *devait* tomber, c'était l'ordre des choses ; c'était la *norme*. Il n'existe pas d'autre définition de la *normalité :* ce qui se produit habituellement.

Un physicien a dit un jour qu'il serait extrêmement complexe de calculer le nombre de fonctions nécessaires pour rester en vie, ou pour que les électrons gardent leur place. Certains savants savent probablement combien de dizaines de muscles doivent être coordonnés pour obtenir un seul sourire ! Mais l'homme qui rit trouve-t-il que cela tient du miracle ? Ce sentiment, il peut l'éprouver lorsque son bébé lui sourit pour la première fois. Mais après ?

Ce qui détruit la créativité humaine, c'est précisément l'incapacité d'être étonné. Sans étonnement, on ne peut rien accomplir. C'est pourquoi les enfants sont tellement créatifs et le deviennent de moins en moins en grandissant. Ce qui caractérise le savant ou l'artiste, c'est la faculté de voir ce que nous appelons, dans le langage religieux, « les miracles quotidiens ». On peut le dire autrement : la faculté de voir une chose banale et de ne pas la trouver banale. C'est le secret de la créativité.

Quelqu'un a dit — même s'il s'agit peut-être d'une légende — que des pommes sont souvent tombées sur la tête de bien des gens, mais qu'il n'y avait point tellement de Newton pour en faire quelque chose ! Lorsque je parle de « Tes miracles », je dis en fait : « Regarde, regarde bien le monde, et tous ces miracles te sauteront à la figure ! » Mais si tu ne veux pas les voir, rien ne te semblera jamais étonnant.

J.E. — Il y a un célèbre dicton talmudique qui dit : « Même le bénéficiaire du miracle ne reconnaît pas le miracle ! »

A.S. — Dans le feu de l'action, il arrive que l'on ne soit pas vraiment conscient de ce qui nous arrive ! Mais il y a un point que nous n'avons pas évoqué : en récitant cette bénédiction, on se prosterne ; on joint le geste à la parole.

Autre particularité, qui confère un sens tout particulier à cette bénédiction. Lorsque l'officiant répète l'Amida à haute voix, et récite cette bénédiction, les fidèles prononcent à voix basse une autre formulation de gratitude qui s'achève par les mots : « Loué soit le Dieu des gratitudes. »

J.E. — On comprend généralement : Dieu auquel il convient d'exprimer sa gratitude.

A.S. — Certes, mais le vrai sens est ailleurs : « Nous Te remercions de pouvoir Te dire merci ! » De pouvoir éprouver de la reconnaissance. Petit à petit, les choses s'affinent. Dans un premier temps, on remercie Dieu pour la vie, l'âme, les miracles du quotidien, pour la complexité du monde dans lequel nous vivons ; plus je le comprends, plus il devient complexe.

Au demeurant, c'est exactement ce que fait la science. Elle prend un phénomène simple — marcher, dormir, une fleur qui s'ouvre, le soleil qui luit — et analyse sa complexité, tous les « miracles » qui s'y produisent. Elle nous invite à les reconnaître.

Dans un second temps, notre prise de conscience va plus loin encore. Il ne s'agit pas simplement de reconnaître tel ou tel fait mais de dire : « Je Te suis reconnaissant de pouvoir les reconnaître. »

Un monde pacifié

Accorde-nous la paix
le bonheur, la bénédiction,
la vie, l'amour, la compassion
pour nous et pour tout Ton peuple Israël.
Bénis-nous, ô notre Père, tous ensemble,
par la lumière de Ta face.
Car c'est par la lumière de Ta face
que Tu nous as donné,
Eternel notre Dieu,
une Torah de vie,
la grâce de l'amour,
la charité, la bénédiction,
la compassion, la vie, la paix.
Et il est bon, à Tes yeux
de bénir Ton peuple, Israël,
en tout temps, à toute heure, par Ta paix.
Loué sois-Tu, Eternel,
qui bénis Ton peuple, Israël, par la paix.

Dix-neuvième bénédiction

Josy EISENBERG. — L'Amida s'achève en apothéose, avec une ultime bénédiction riche en souhaits et en attentes. C'est un vaste programme de bonheur qui nous y est présenté, au cœur duquel se trouve l'espoir de paix par lequel commence et s'achève cette bénédiction : « Donne-nous la paix... Toi qui bénis Israël par la paix. »

Les rabbins du Talmud, évoquant le concept même de bénédiction, ont dit : « Le Saint-Béni-Soit-Il n'a pas trouvé de récipient contenant autant de bénédictions que la paix[1]. »

Comment ne pas adhérer à une telle affirmation, et qu'y a-t-il de plus important que la paix ? Encore qu'il ne s'agisse, bien entendu, ni d'une chose facile ni d'un concept simple. Car il ne suffit pas d'en parler. Le prophète Jérémie ne disait-il pas :

Ils disent paix, paix,
mais il n'y a pas de paix[2].

Adin STEINSALTZ-EVEN ISRAEL. — Nous prions en effet pour la paix, source de tous les souhaits que nous exprimons dans cette bénédiction : le bonheur, la bénédiction, la vie.

Au centre de tout se trouve la paix, dont il faut dire tout d'abord qu'on peut seulement la définir négativement. J'entends par là que bien des mots ont une connotation positive ; d'autres ne peuvent se concevoir que par opposition à leur contraire. L'obscurité, terme que l'on retrouve dans la plupart des langues, c'est l'absence de lumière ; de même, la paix, c'est tout d'abord l'absence de guerre.

Pour la plupart des Européens, la guerre n'est sans doute qu'un terme abstrait. Elle n'évoque plus que de lointains souvenirs, et c'est généralement à travers les films qu'ils découvrent à quoi cela ressemble.

J.E. — Encore qu'avec le Kosovo, les choses aient un peu changé, tout en restant peut-être quelque chose de relativement théorique et lointain.

A.S. — Sans doute ! En tout cas, pour nous, en Israël, il s'agit d'une réalité vivante et d'une actualité permanente. C'est un terme que nous comprenons parfaitement.

Chalom Salam

J.E. — Il faut observer que l'on a écrit énormément de livres sur l'art de la guerre, depuis les auteurs anciens jusqu'à Clausewitz et ses épigones ; il existe même en Europe des instituts de polémologie. On a beaucoup moins écrit sur l'art de la paix ! On disserte sur la guerre, comme d'une réalité tangible, on théorise. La paix, en dehors de vœux pieux ou de sporadiques démonstrations de pacifisme, souvent teintées d'émotion ou de passion, ne semble pas avoir suscité de spéculations aussi approfondies.

A.S. — Apparemment, c'est parce que la paix n'est rien d'autre que l'absence de guerre. Mais c'est un propos qu'il faut nuancer. Car ce qui est vrai dans d'autres langues...

J.E. — ... ou d'autres mentalités,

A.S. — ... n'est pas vrai en hébreu, où le mot paix — *chalom* — a un sens positif. En effet, lorsqu'on définit la paix par rapport à la guerre, il ne s'agit là que d'un type particulier de paix. Il y a bien une paix qui n'est rien d'autre qu'une non-guerre. Mais ce n'est pas le sens profond tel que l'entend la tradition juive. Il s'agit d'une conception très spécifique : *chalom* est considéré comme un des noms de Dieu. Cette croyance est tellement profonde qu'elle a même trouvé place dans la Loi juive : *chalom* étant un nom sacré, on n'a pas le droit de prononcer ce mot dans un endroit qui n'est pas propre, convenable ou respectable. Par exemple, dans un bain public, devant des personnes nues. Là, j'ai seulement le droit de dire « bonjour », « bonsoir » ou encore « portez-vous bien ».

J.E. — Ce sont là des expressions très usuelles dans le vocabulaire courant des Israéliens ou des autres hébréophones ; il n'empêche que l'on utilise couramment le mot *chalom* aussi bien pour dire bonjour que pour prendre congé. Il semble bien que cette prescription rabbinique soit quelque peu tombée en désuétude...

A.S. — Certes ! Il n'en reste pas moins que ce terme, même lorsqu'il est utilisé de façon parfaitement banale, conserve une certaine connotation religieuse. Je n'en veux pour preuve qu'un vocable de même nature dans la langue française : « Adieu ! » Ce terme est affecté d'une tonalité religieuse, voire théologique : il signifie : « Puissions-nous nous rencontrer en Dieu ! » Ce qui, bien entendu, ne signifie pas que les personnes qui se disent « adieu » soient conscientes de cette signification. C'est exactement le sens du mot *chalom*.

J.E. — Dans le même ordre d'idées, les rabbins ont affirmé que le nom même de Salomon, que l'on rencontre à plusieurs reprises dans le Cantique des Cantiques, était également un nom de Dieu. Salomon — *Chelomoh* en hébreu — signifierait alors : le roi de la paix. Ils ont analysé chaque occurrence de ce nom dans le Cantique pour préciser quand il désignerait Dieu et quand il désignerait simplement Salomon. Cette distinction est importante pour la Loi juive : on ne traite pas l'écriture et la prononciation d'un nom — ou d'un surnom — de Dieu comme celle d'un simple mortel, fût-il le roi Salomon.

A.S. — Comme je l'ai dit précédemment, l'utilisation du mot *chalom* peut poser des problèmes religieux. C'est également le cas en arabe. Le mot *salam*, qui est l'équivalent arabe de *chalom*, n'est pas non plus simplement le contraire de la guerre. Il a, à la fois, une forte charge affective et une connotation théologique. On retrouve d'ailleurs cela dans le nom même de la religion musulmane : *islam*. C'est bien la preuve de la texture théologique du *salam* comme du *chalom*. C'est tellement vrai que les Musulmans n'emploient d'ailleurs le mot *salam* qu'en s'adressant à un coréligionnaire. A un non-Musulman, ils s'adressent avec un autre terme : *Marhaba*. On voit bien que le mot *salam* implique une confraternité spécifiquement religieuse. C'est exactement la même chose pour *chalom*.

Paix des cieux, paix des hommes

J.E. — Est-ce que l'interprétation rabbinique du mot *chalom* comme nom de Dieu se fonde surtout, ce qui semble logique, sur le fait que Dieu est Dieu de paix et non pas ce « Seigneur de la guerre » ou ce « Dieu des armées », dont la Bible parle quelquefois ?

A.S. — La raison profonde ressort plutôt du fait que le mot *chalom* peut se lire également *chalem* (plénitude, perfection). Paix et perfection sont synonymes : la paix est un état de plénitude, et le véritable sens de ce terme, la bonne traduction, c'est l'« harmonie ». C'est dire que le concept de paix n'est pas seulement l'expression de l'absence de conflit.

J.E. — Cette paix-là ne serait qu'une sorte d'armistice ou de cessez-le-feu. Je me demande d'ailleurs, en constatant la permanente résurgence des conflits, si l'histoire n'est rien d'autre qu'une longue série d'armistices abusivement et illusoirement qualifiés de « paix »...

A.S. — Il ne suffit pas que les choses coexistent : l'harmonie, c'est lorsqu'une véritable *relation* s'établit entre toutes les parties. Lorsque nous parlons de *chalom*, et que nous l'appelons de tous nos vœux, nous exprimons notre aspiration à l'harmonie et à la plénitude.

J.E. — En hébreu moderne, pour dire à quelqu'un « comment vas-tu ? », on utilise le mot *chalom* sous une forme très significative : *Mah Chelome'Ha*. Littéralement, on dit : « Quelle est ta paix ? » C'est bien plus que de demander, formellement, comment va autrui. C'est dire, en somme : « Es-tu en paix ? » « En paix avec toi-même ? »

A.S. — C'est bien de cela qu'il s'agit. Il est d'ailleurs écrit : « Je n'ai pas de paix avec moi-même, à cause de mes fautes[3] ! » Etre en paix, c'est avoir trouvé l'harmonie. C'est pourquoi l'Amida s'achève par une formule célèbre, elle aussi tirée de la Bible.

Celui qui fait régner la paix dans ses hauteurs
fera régner la paix parmi nous
et tout Israël[4].

Que peut bien signifier une telle formule ? Y aurait-il donc des conflits dans le monde céleste ? Personne n'imagine cela ! Il s'agit ici de proclamer l'harmonie cosmique.

J.E. — Selon le Talmud, les cieux sont constitués de feu et d'eau ; le mot *chamayim* — cieux — peut se décomposer en *eche* — feu — plus *mayim*, l'eau. On peut interpréter cela au sens physique du terme : la coexistence du soleil et de la pluie, visible dans l'arc-en ciel, qui n'est pas pour rien appelé par la Bible « signe de l'alliance qui unit Dieu à l'humanité ». On peut aussi comprendre qu'il s'agit de la cohabitation sereine des forces spirituelles antagonistes qui régissent l'univers : la rigueur — le feu — et l'eau, signe de compassion. C'est notamment l'interprétation de la Cabbale.

A.S. — Il ne s'agit pas seulement de faire coexister des forces antagonistes ; cela peut se produire après un simple cessez-le-feu, et ce n'est pas encore la paix ! Dirions-nous d'un homme malade qu'il est en paix parce qu'il n'est pas encore mort ? La paix dont on parle ici n'est pas de l'ordre de la politique. Pour préciser ce qu'il faut entendre par paix, on peut se référer à la bénédiction sacerdotale.

J.E. — Cette bénédiction a été donnée, selon la Bible, aux descendants du Grand Prêtre Aaron, les *Cohanim*. Elle était leur privilège, et, le jour de Kippour, était solennellement récitée par le Grand Prêtre comme une sorte de triple bénédiction *urbi et orbi*. Dans la Diaspora, elle est généralement récitée par l'officiant, les jours de fête ; en Israël, on la dit tous les jours.

Que l'Eternel te bénisse et te protège.
Qu'Il éclaire Sa face vers toi
et te prenne en grâce.
Qu'il te soit favorable et te donne la paix[5].

A.S. — On voit combien de concepts — la bénédiction, la protection, le bonheur — sont liés à l'obtention de la paix. C'est la même chose dans la bénédiction par laquelle s'achève l'Amida.

C'est la raison pour laquelle les rabbins ont dit que Chalom était un des noms divins. Car on peut se poser la question : comment *nommer* Dieu ? La réponse donnée ici est la suivante : tout est en Lui.

J.E. — Toutes les choses qu'évoque la prière...

A.S. — Dieu est donc *harmonie infinie*. C'est-à-dire Chalom, Chalem : parfait. C'est pourquoi, lorsque dans notre Tradition deux personnes s'abordent en disant *chalom*, il ne s'agit pas de proclamer qu'elles ne sont pas en conflit, mais de se bénir par le nom de Dieu.

J.E. — Même si, encore une fois, ce salut est devenu banal. Cette manière de se saluer est d'ailleurs très ancienne, et figure fréquemment dans la Bible. Joseph reçoit ses frères en leur demandant quel est le *chalom* de leur père et ils répondent : il a le *chalom*[6].

A.S. — Dans un certain sens, il n'est évidemment pas faux d'affirmer que la paix est le contraire de la guerre : car la guerre est essentiellement disharmonie. C'est pourquoi tant de nos prières et de nos psaumes s'achèvent par le mot *chalom* répété tant et plus.

Combat de paix

J.E. — Il faudrait peut-être parler de pacification plutôt que de paix. Je pense au fameux texte du Talmud qui raconte l'histoire des quatre rabbins qui ont tenté d'entrer dans le *Pardess*, le jardin des secrets divins. On nous dit que le premier devint fou, le second hérétique, le troisième mourut ; seul Rabbi Akiba « entra en *chalom* et sortit en *chalom*[7] ».

On peut comprendre : « entra pacifié et sortit pacifié ». N'est-ce point le but de la récitation de l'Amida ?

A.S. — Je n'étais peut-être pas en paix en entrant, au début de l'Amida ; je devrais l'être en sortant : à la fin de l'Amida.

Les choses sont cependant complexes. Le Zohar dit que la prière est « l'heure du combat ». C'est que toute prière, aussi sereine soit-elle, exprime un combat intérieur. On lutte avec soi-même, on lutte aussi avec ce que l'on dit : jusqu'à quel point suis-je en accord avec les mots que je prononce ? Est-ce que je les comprends vraiment ?

J.E. — Il faut sans doute rappeler que le mot prière — *tefila* — provient d'un terme qui signifie « porter un jugement ». Face aux mots, on est juge, on se juge soi-même, on se jauge également.

A.S. — Prier est un acte complexe, et c'est toujours une confrontation. Son but, c'est de nous aider à résoudre nos problèmes. Nous les avons énoncés tout au long de l'Amida ; à son terme, en appelant de nos vœux le Chalom, nous parachevons nos demandes. Le processus de la prière est désormais complètement accompli.

Il est de tradition d'écrire, à la fin de certains livres : « fini et complet », sur d'autres : « fini et incomplet ».

J.E. — Un acte de modestie. Quel livre est parfait ?

A.S. — L'adjectif complet, achevé, se dit en hébreu *nichlam* : il est construit sur la racine *chalom* (paix), *chalem* (parfait). Ici, dire *chalom*, c'est affirmer que la prière est vraiment complète.

Un visage de lumière

J.E. — Nous avons évoqué la bénédiction sacerdotale ; il se trouve qu'elle a été incluse, dans la répétition à haute voix de l'Amida, précisément avant la dernière bénédiction. Or il y a quelque chose de commun à ces deux prières : l'une et l'autre évoquent la *paix* et la *lumière de la face*.

Amida	*Bénédiction sacerdotale*
Car Tu nous as donné	*Que l'Eternel éclaire*
par la lumière de Ta face	*Sa face vers toi*
une Torah de vie	*et te donne la paix.*
et l'amour du Bien.	

A.S. — Effectivement, la dix-neuvième bénédiction est une sorte de paraphrase de la bénédiction sacerdotale. Ces deux textes se complètent. La bénédiction sacerdotale, c'est ce qui nous est donné d'En-Haut ; l'Amida, c'est la demande qui émane d'En-Bas. C'est une façon de dire : le cadeau que Tu me fais m'intéresse ! Il arrive en effet que nous recevions des cadeaux qui ne nous intéressent pas. Ce cadeau, c'est d'abord « la lumière de Ta face ».

J.E. — Voilà bien un terme qui demande à être explicité. Dans une scène célèbre, Dieu dit à Moïse : « L'homme ne peut voir Ma face[8]. » Mais il peut recevoir la lumière de la face : le rayonnement de la divinité. En somme, au début de l'Amida, nous étions entrés dans le palais du Roi ; nous en ressortons illuminés, peut-être éblouis, tout comme Moïse dont le visage rayonnait au sortir de sa rencontre avec Dieu dans la Tente d'assignation[9].

A.S. — Pour être resté longtemps dans la proximité de Dieu, le visage de Moïse garde le *reflet* de la lumière divine. C'est un peu, avec quelques différences, comme lorsqu'on a été en contact avec une substance radioactive : on émet de la radioactivité.

Penser aimer

Mais en quoi consiste réellement ce reflet ? C'est précisé dans la suite du texte : la lumière divine se traduit par deux dons, la *Torah de vie* et *l'amour du Bien*. Ces deux affirmations sont extrêmement intéressantes. Elles concernent les deux grands registres de la vie : la pensée et l'émotion. La Torah, c'est la vie intellectuelle, la pensée de Dieu, qui éclaire notre esprit et notre vie. C'est pourquoi on l'appelle Torah de vie, dans une triple acception : parce qu'on peut vivre grâce à elle, parce qu'elle est vivante, parce qu'elle nous donne vie. La Torah est un concept tellement riche qu'il est impossible de le traduire en le réduisant à un seul mot.

J.E. — Donc, lorsqu'on parle de lumière de la face, ou de reflet, il ne s'agit pas d'une illumination d'ordre mystique. Il faut comprendre cette expression au sens donné au « siècle des lumières », où lorsque nous disons : « à la lumière de... ». C'est notre capacité à penser : nos clartés ont pour source la pensée divine. Le contraire de la pensée, c'est l'obscurité et l'obscurantisme. Mais l'obscurité — la nuit — est également le symbole du Mal. D'où la seconde dimension, à laquelle vous avez fait allusion, des retombées humaines de la source lumineuse : l'*amour du Bien*.

A.S. — Dieu nous fait un second don : la capacité d'éprouver des émotions. C'est bien plus que la simple aptitude à faire le Bien, qui est de l'ordre de l'éthique. C'est d'éprouver du *plaisir* à le faire.

J.E. — C'est un autre effet de la lumière divine, parfaitement logique au demeurant : Dieu est à la fois Pensée et Amour. Dire que l'homme a été crée « à l'image de Dieu », c'est affirmer qu'il peut, à son échelle, incarner ces deux aspects fondamentaux de l'Etre.

A.S. — Et c'est leur combinaison qui définit la véritable nature de l'homme et sa vocation : penser et aimer. Quelquefois, je sens sans comprendre, ou je comprends sans sentir. L'idéal, c'est de réunir et de vivre ensemble nos capacités intellectuelles et affectives. C'est l'harmonie, c'est le *chalom*.

L'Amida s'achève par ce qui est à la fois acte de gratitude et souhait. Gratitude : merci de me permettre d'éprouver toutes ces choses. Souhait : accorde-nous un *chalom* qui soit aussi *chalem*, l'harmonie et la plénitude.

NOTES

Préambule

1. Talmud de Babylone, traité Chabbat 33b.
2. Midrach Tanhuma, Genèse 1.
3. C'est notamment le cas en ce qui concerne la prière pour la santé. Les rabbins ont prévu que l'on puisse intercaler une supplique personnelle et circonstanciée pour un malade au sein de la huitième bénédiction qui traite de la guérison. C'est également le cas pour la seizième bénédiction.
4. Talmud de Babylone, traité Bera'hot 54a.
5. Genèse 4,4-5.
6. Les premiers chapitres du premier traité du Talmud (Bera'hot : le traité des bénédictions) sont consacrés à fixer, en fonction de facteurs liés à l'astronomie ou à la vie sociale, l'heure à laquelle il est licite de commencer à prier. Il s'agit notamment de déterminer le début du jour et de la nuit.
7. Ezéchiel 1,7.
8. Zaccarie 3,7.
9. C'est le lieu le plus secret du Temple : l'homme se trouve au cœur de la Présence.

Première bénédiction

Dieu d'Abraham

1. Genèse 18,22 et I Rois 17,1.
2. Genèse 14,19.
3. Selon le Midrach, Isaac a connu une sorte de véritable mort au moment où il croyait mourir sous le couteau d'Abram et en est resté marqué pour la vie entière.

4. En changeant son nom d'Abram en Abraham, Dieu confère une nouvelle identité au Patriarche.

5. Ruth 1,16.

6. Tout Juif possède un patronyme religieux : Untel fils d'Untel. Le converti choisit librement le nom hébraïque qu'il désire adopter ; quant au patronyme de son père, c'est automatiquement celui d'Abraham.

7. La vérité est une combinaison de l'Amour et de la Rigueur. Jacob figure cet équilibre, conformément à Michée 7,20 : « Tu donnes la vérité à Jacob. »

8. Il s'agit d'une citation biblique, empruntée à Deutéronome 10,17.

9. Midrach Rabbah sur Genèse 12. Cité par Rashi sur Genèse 12,1.

10. Genèse 15,1.

11. Ezéchiel 14,14.

Deuxième bénédiction

Dieu en puissance

1. En été, on dit « tomber la rosée » ; en hiver « souffler le vent et tomber la pluie ».

2. Deutéronome 32,39.

3. Genèse 31,53.

4. Cf. note 3, première bénédiction.

5. Le livre de la Formation, un des livres fondamentaux de la mystique juive.

6. Ezéchiel 1,14.

7. Exode 20,18.

8. Deutéronome 32,39.

9. Daniel 12,2.

10. Ezéchiel 37,4-6.

11. Talmud de Babylone, traité Pessa'him, 68a.

12. Les trois Patriarches sont enterrés dans la caverne de Hébron où reposent également, selon la Tradition, Adam et Eve.

13. Isaïe 55,10-11.

Troisième bénédiction

Trois fois saint

1. Isaïe 6,1.

2. Lévitique 11,44.

3. Lévitique 19,2.

4. Rashi sur Lévitique 19,2.

5. Psaumes 5,5.

6. Le rabbi de Kotsk : Menahem Mendel (1787-1839), l'une des grandes figures du Hassidisme au XIXᵉ siècle.

7. Rabbi Chnéour Zalman de Lady (1745-1813) : fondateur de l'important mouvement hassidique appelé H'abad — également Lubavitch — qui met l'accent sur la connaissance autant que sur les élans du cœur.

8. Nombres 23,9.

9. Le Becht : sigle de Baal Chem Tov, surnom d'Israël fils Eliezer (1700-1760), fondateur charismatique du Hassidisme moderne. Le courant hassidique exista dans l'Antiquité puis au Moyen Age et fut revivifié, avec une grande originalité et un succès considérable, par le Becht.

10. Isaïe 6,3.

11. Psaumes 146,10.

12. Ezéchiel, chapitre un.

13. Talmud de Babylone, traité Haguiga 14b.

14. Daniel, chapitre douze.

15. Deutéronome 23,10.

16. Exode 22,31.

17. Talmud de Babylone, traité 'Houline 109b.

18. Zaccarie 14,9.

19. Alénou, prière de conclusion de l'office. Jadis, cette profession de foi en l'avènement du royaume terrestre de Dieu était récitée au cours de l'office.

20. Exode 33,11.

21. Talmud de Babylone, traité Chabbat 123b.

22. Nahmanide — rabbi Moché ben Nahman, célèbre philosophe et exégète espagnol (1194-1270).

23. Psaume 109,4.

Quatrième bénédiction

Savoir demander

1. Il y a six émanations divines. La première sephira est la Volonté divine : la Volonté créatrice. Puis viennent les instruments de la Pensée divine : Ho'hmah et Binah, Sagesse et Intelligence. Elles s'unissent dans le *daat*.

2. H'abad : acronyme de Ho'hmah, Binah et Daat.

3. Deutéronome 4,39 ; Jérémie 32,39 ; I Chroniques 28,9.

4. Michée 6,8.

5. Il est désigné par le mot *daat* : *ets* — l'arbre — de la connaissance — *daat* — du Bien et du Mal. Genèse 2,9.

6. Genèse 4,1.

7. Genèse 18,19.

8. Cf. *Le Chandelier d'or* par Josy Eisenberg et Adin Steinsaltz, Editions Verdier, 1989.

Cinquième et sixième bénédictions

Les voies du retour

1. Isaïe 57,19.
2. Talmud de Babylone Sanhédrin 59b.
3. Lamentations de Jérémie 5,21.
4. Genèse 3,10.
5. Isaïe 6,5.
6. *Hatefila*, deux tomes, en hébreu, éditions Yediot A'haronot, Israël.
7. Prière de Moïse : Psaumes 90,1. Prière du pauvre : Psaumes 102,1.
8. Cantique des Cantiques 1,4.
9. Ezéchiel 18,32.

Septième bénédiction

Sauve qui peut

1. Voir dixième bénédiction.
2. Talmud de Babylone, traité Moed Katane 28a.
3. Psaumes 103,3.
4. Qui correspond à l'an six mille de l'ère juive. En 1999, nous sommes en 5759. *Cf.* Talmud de Babylone.
5. Voir dixième bénédiction.
6. Talmud de Babylone, traité Sanhédrin.
7. *Ibid.*
8. Genèse 20,17 à 21.
9. Lévitique chapitres vingt-cinq et vingt-sept.
10. Ruth Chapitre quatre et Nombres chapitre trente-cinq.
11. Isaïe 44,6.
12. Amos 3,2.
13. Exode 14,25.
14. Michée 6,2.
15. Psaumes 102,1.
16. Psaumes 119,153.
17. Exode 3,7.
18. Les trois premières et les trois dernières sont identiques à celles de l'Amida de la semaine. Au milieu, on a intercalé une bénédiction relative à la sainteté du chabbat, et omis toutes les requêtes de l'Amida de la semaine.
19. Genèse 48,22.
20. Talmud de Babylone, traité Baba Bathra 123b.

Huitième bénédiction

Dieu de guérison

1. Jérémie 17,14.
2. II Chroniques 16,12.
3. Talmud de Babylone, traité Kiddouchin 82a.
4. Cette formule figure parmi les bénédictions du matin ; on la récite également en sortant des toilettes.
5. Exode 21,19.

Neuvième bénédiction

Temps béni

1. Deutéronome 11,13-14.
2. I Rois 17,1.
3. L'idée que la résurrection se fera à l'aide de la rosée figure dans de nombreux textes rabbiniques. Cf. notamment Talmud de Babylone, traité 'Haguigah 12b.
4. Cette formule figure dans la prière du matin. Elle constitue un postulat constamment répété par les penseurs juifs : la création n'est pas achevée. Le monde subsiste grâce à un phénomène de « création continue ».
5. Deutéronome 11,12.
6. Cette sephira constitue le facteur prépondérant de l'année à venir ; chaque mois est également placé sous un signe du zodiaque.
7. Deutéronome 32,15.
8. Traité des Pères 4,11.
9. Traité des Pères 3,21.
10. Talmud de Babylone, traité Roch Hachanah 13b.
11. Talmud de Babylone, traité Chabbat 156a.

Dixième bénédiction

Le chofar et la bannière

1. Isaïe 52,12.
2. Ezéchiel 36,8.
3. Talmud de Jérusalem, traité Chabbat 5,8.
4. Lévitique 26,13.
5. Isaïe 27,13.
6. Lévitique 25,10.
7. Lévitique 25,9.
8. Haggadah de Pessa'h, la Pâque juive.

9. Exode 19,19.
10. Traité des Pères 6,2.
11. Saadia Gaon, philosophe juif (882-942). Il cite notamment l'évocation du sacrifice d'Isaac, du don du Décalogue, du retour des exilés.
12. Psaumes 115,5.
13. Isaïe 18,3.
14. Deutéronome 33,5.

Onzième bénédiction

Les juges d'antan

1. Isaïe 1,21.
2. Deutéronome 32,31.
3. « Le juge de toute la terre n'appliquerait pas le droit ? » Genèse 18,25.
4. Deutéronome 1,17.
5. Psaumes 82,1.
6. Exode 18,21.
7. Psaumes 15.
8. Isaïe 1,27.
9. Isaïe 1,26.
10. Psaumes 12,6.
11. Genèse 6,13.
12. II Samuel 8,15.
13. Proverbes 6,30.
14. I Rois 21.
15. Talmud de Babylone, traité Yebamot 109b.
16. Isaïe 35,10.
17. Isaïe 25,8.

Douzième bénédiction

Les racines du mal

1. Talmud de Jérusalem, traité Teroumah 8,10.
2. Les dix sephirot — les dix Emanations — se partagent entre celles qui sont du côté de l'amour et celles qui expriment la rigueur. Or chacune des bénédictions de l'Amida penche plutôt vers l'une de ces deux dimensions.
3. Genèse 1,2.
4. Isaïe 45,7.
5. Talmud de Babylone, traité Bera'hot 10a.
6. Ezéchiel 18,23.
7. Traité des Pères 4,19, inspiré de Proverbes 24,17.
8. Lévitique 19,18.

9. Deutéronome 32,35.
10. I Rois 18,37.
11. Psaumes 30,6.
12. Isaïe 26,20.
13. Psaumes 44,23.
14. Talmud de Babylone, traité Bera'hot 7a.

Treizième bénédiction

Question de confiance

1. Proverbes 10,25.
2. Psaumes 145,17.
3. Osée 14,10.
4. Talmud de Babylone, traité Chabbat 59b.
5. Ecclésiaste 7,20.
6. Genèse 18,24-32.
7. Talmud de Babylone, traité Bera'hot 17b.
8. Maïmonide (1135-1204), philosophe espagnol, auquel on doit aussi une codification de la loi. Joseph Caro (1488-1575), cabbaliste espagnol qui vécut à Safed ; il est l'auteur du dernier grand code des lois juives, adopté par toutes les communautés, le Choul'hane Aroukh.
9. Lévitique 19,32.
10. Deutéronome 10,19.
11. Exode 22,27 ; Lévitique 19,14.
12. Isaïe 41,25 et 44,5.
13. Exode 32,12.
14. Ezéchiel 36,23.
15. Exode 14,31.

Quatorzième bénédiction

Jérusalem d'En-Haut, Jérusalem d'En-Bas

1. Zaccarie 2,12.
2. Psaumes 122,3.
3. Talmud de Babylone, traité Taanith 5a ; Zohar 3,15.
4. I Rois 8,44.
5. Talmud de Babylone, traité Meguillah 29a.
6. Isaïe 6,11.
7. Jérémie 7,34.
8. Joël 4,20.
9. Il semble cependant qu'elle fut davantage peuplée aux alentours de l'ère chrétienne.

10. Talmud de Jérusalem, traité Pessahim 3,2.
11. Ecclésiaste 10,7.
12. Ezéchiel 20,33.
13. Lévitique 26,13.
14. Isaïe 66,10.
15. Isaïe 54,1.
16. Talmud, traité Taanith 18b.
17. Isaïe 62,6.
18. Zaccarie 1,12.
19. Zaccarie 1,16.
20. Psaumes 126,1.

Quinzième bénédiction

Le germe de David

1. Talmud de Babylone, traité Meguila 17b.
2. Les treize articles de foi de Maïmonide figurent dans le livre de prières. Certains les récitent après l'office.
3. Certains versets de la Torah, notamment Genèse 49,10, sont interprétés comme faisant référence au Messie.
4. Ezéchiel 37,21-24.
5. Zaccarie 3,8 ; Jérémie 33,15 ; Zaccarie 6,12.
6. Isaïe 11,1.
7. Isaïe 6,13.
8. Daniel 10-12.
9. Isaïe 11,6.
10. Isaïe 11,9.
11. Nahmanide — Rabbi Moché Ben Nahman, célèbre philosophe et exégète espagnol (1194-1270).
12. Samson Raphael Hirsch (1808-1888), rabbin allemand, fondateur de la néo-orthodoxie qui se propose de concilier la fidélité à la tradition avec l'ouverture à la modernité.
13. Deutéronome 33,17.
14. Isaïe 11,4.
15. Daniel 8.
16. I Samuel 2,10.
17. I Chroniques 17,14.
18. Genèse 49,18.
19. Isaïe 25,9.
20. Talmud de Babylone, traité Chabbat 31a.
21. *Ibid.*

Seizième et dix-septième bénédictions

Écoute-moi

1. Isaïe 56,7.
2. 'Hazone Ich : Nom donné, d'après le titre de son œuvre, à Rabbi Avraham Karelitz (1878-1953), le plus célèbre décisionnaire — interprète du droit juif — du XXe siècle.
3. Bouche se dit *Pé* en hébreu ; en yiddich, *Pfé* marque le mépris.
4. Voir dix-huitième bénédiction.
5. Psaumes 104,21.
6. Dans les prières du Nouvel An, on parle fréquemment de la « voix des larmes ». Selon le Talmud, lorsque toutes les portes sont fermées, celle des larmes ne l'est jamais.
7. Voir dixième bénédiction.
8. I Rois 8,30.
9. Isaïe 13,18.
10. Genèse 45,20.
11. Jonas 4,11.
12. Job 10,8.
13. Les Jours Redoutables : ce terme désigne les deux grandes fêtes d'automne : Roch Hachanah, le Nouvel An, et Yom Kippour, le jour du Pardon.
14. Psaumes 115,17.
15. *Cf.* Josy Eisenberg, *La Femme au temps de la Bible*, Editions Stock, 1994.
16. Psaumes 103,13.
17. Genèse 8,21.
18. Job 14,15.
19. Voir quatorzième bénédiction.
20. Voir deuxième bénédiction.

Dix-huitième bénédiction

Un monde de gratitudes

1. Isaïe 1,3.
2. Genèse 29,35.
3. Genèse 38,26.
4. Talmud, traité Baba Kamma.
5. Ecclésiaste 7,29.
6. Bénédictions du matin.
7. Psaumes 92,2.

Dix-neuvième bénédiction

Un monde pacifié

1. Talmud de Babylone, traité Oktsin 2,11.
2. Jérémie 6,14.
3. Psaumes 38,4.
4. La première partie de cette formule est empruntée à Job 25,2.
5. Nombres 6,24-26.
6. Genèse 29,6.
7. Talmud de Babylone, traité 'Haguigah 14b.
8. Exode 33,20 et 23.
9. Exode 34,29.

Masha Itzhaki, *Juda Halévi, d'Espagne à Jérusalem, 1075-1141*.
Philippe F. Landau, *L'Opinion juive et l'affaire Dreyfus*.
Béatrice Leroy, *Les Juifs dans l'Espagne chrétienne avant 1492*.
Henry Méchoulan, *Être juif à Amsterdam au temps de Spinoza*.
René Moulinas, *Les Juifs du Pape*.
Gérard Nahon, *La Terre sainte au temps des Kabbalistes*.
Renée Neher-Bernheim, *Jérusalem, trois millénaires d'histoire. Du roi David à nos jours*.
Nadine Perront, *Être juif en Chine. L'histoire extraordinaire des communautés de Kaifeng et de Shanghai*.
Béatrice Philippe, *Les Juifs à Paris à la Belle Époque*.
Simon Schwarzfuchs, *Rachi de Troyes*.
David Sorkin, *Moïse Mendelssohn, un penseur juif à l'ère des Lumières*.
Jacques Taïeb, *Être juif au Maghreb à la veille de la colonisation*.
Emanuela Trevisan-Semi, *Les Caraïtes*.
Pamela Vermes, *Martin Buber*.

La composition de cet ouvrage
a été réalisée par Nord Compo,
l'impression et le brochage ont été effectués
sur presse Cameron dans les ateliers
*de **Bussière Camedan Imprimeries***
à Saint-Amand-Montrond (Cher),
pour le compte des Éditions Albin Michel.

Achevé d'imprimer en octobre 1999.
N° d'édition : 18508. N° d'impression : 994545/1.
Dépôt légal : novembre 1999.